EL CAMINO HACIA
TU DESTINO

Descubre la ruta hacia tu felicidad

SARA TAMINIAU

EL CAMINO HACIA TU DESTINO

© Todos los derechos reservados 2021
Sara Taminiau

Autor: Sara Taminiau
Mapa: Rogelio Pumares
Diseño de portada: SaraTaminiau
Editorial: Fig Factor Media (www.figfactormedia)

Para más información y productos visite **www.sarataminiau.com**

ISBN: 978-1-952779-53-4
Library of Congress Number: 2020922665

FIG FACTOR MEDIA

"A todos los soñadores, vais por buen camino permitid que esos sueños iluminen vuestros pasos".

"Un viaje de 1000 millas comienza con un solo paso"

—Lao-Tsé

Índice

¿Cómo encontrar tu propósito en la vida?

El camino hacia tu destino es un libro que te invita a actuar. Está escrito con el propósito de darte la orientación necesaria para que puedas encontrar las respuestas que te ayuden a:

- obtener una clara visión sobre quién eres,
- decidir lo que realmente quieres,
- tomar conciencia de lo que obstaculiza tu camino,
- liberarte de viejas barreras,
- sacar fuerzas de tu propio conocimiento y tus habilidades,
- dar pasos firmes hacia lo que quieres.

Este libro te pide que pases a la acción y transformes las palabras que leas en tu propia historia. El camino hacia tu Destino Ideal pide tu REACCIÓN.

Guías de Viaje: estas guías se basan en antiguo conocimiento y sabiduría que son fáciles de aplicar durante tu propio viaje. Tú decides qué guías necesitas y cuándo las aplicas. Puedes volver a consultar estas guías en cualquier momento de tu viaje para facilitar el camino.

Diario de Viaje: todo el autoconocimiento que vas obteniendo a lo largo de tu viaje lo reflejas en este diario. Puedes recurrir a él cuando quieras averiguar por qué haces las cosas que haces y por qué omites hacer otras. Podrás descubrir temas recurrentes, tus patrones de vida, temores, habilidades y tus fuerzas. Aquí encontrarás tu propio conocimiento. Te dará la oportunidad de elegir otros caminos y tomar nuevas y mejores decisiones. El conocimiento es un poderoso instrumento en el viaje de la vida cuando lo transformamos en acciones firmes.

D.I. del Viajero: con tu Documento de Identidad del Viajero puedes ver cuáles son tus valores más profundos. Siendo fiel a tus valores fundamentales cuando tomes decisiones, podrás acelerar significativamente tu camino hacia tu ideal; en cambio, cuando tiendes a ir en contra de esos valores fundamentales te podrás sentir alejado de tus metas más altas.

Mapa: al final del libro encontrarás un mapa. Utiliza este mapa para ayudarte a obtener una comprensión más profunda sobre el viaje de tu vida.

Contrato Agencia de Viajes Universal: cuando estés listo para firmar este contrato asumes la responsabilidad de los pasos que tú mismo puedes dar; soltando aquello en lo que no puedes influir, pides claramente lo que esperas de la Agencia de Viajes Universal y confías en que harán un buen trabajo a la hora de ayudarte a alcanzar tu Destino Ideal.

Solicitudes de visado: estos son los contratos que firmas contigo mismo para tomar las medidas concretas y las acciones precisas en las áreas que consideres necesario. Solo cuando el contrato esté cumplido, realizando los cambios en pensamiento, sentimiento y acciones, obtendrás el visado acercándote cada vez más a tu Destino.

Recomendaciones de Viaje: la práctica hace al maestro. Estos consejos se derivan de los viajes de otras personas. Viajeros que han recorrido su camino y han tomado acciones concretas para conseguir sus objetivos, alcanzando su Destino Ideal, al compartir el conocimiento adquirido crean la oportunidad de ayudar a los demás. Una recomendación de viaje es algo que otro ha encontrado útil para alcanzar sus propias metas. Tú decides qué recomendaciones aplicas durante tu viaje.

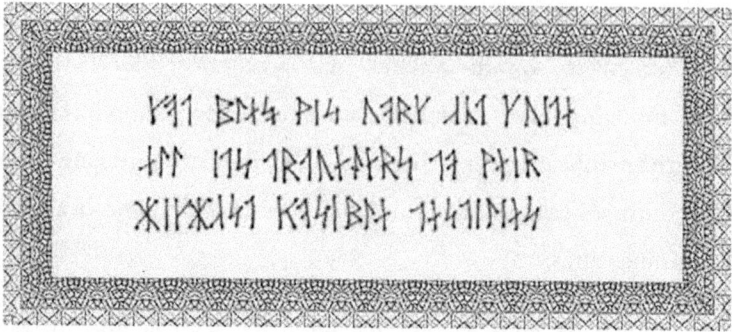

Nota: con el más sincero respeto se emplea la forma masculina a lo largo del texto para mayor comodidad del lector.

Prefacio

¿Qué harías si tuvieras un mapa en el que pudieras ver dónde se encuentra tu Destino Ideal? Aquello que te daría la posibilidad de vivir la vida desde una profunda sensación de felicidad. ¿Y si tuvieras una brújula que pudiera señalar el camino hacia ese destino? ¿Te atreverías a seguir tu camino, pasarías a la acción e irías a por tu mayor bien, tu máxima felicidad?

Imagina lo útil que sería tener una guía de viaje basada en sabiduría milenaria que ha ido pasando de generación en generación con el simple objetivo de ayudarnos a alcanzar las metas deseadas. Para ayudarte a ti en tu viaje hacia tu Destino Ideal. ¡Qué maravilloso sería tener claro cuál es tu destino, aquello que te deje vivir la mejor y más alta versión de quien puedes llegar a ser para poder compartirlo con el resto del mundo!

"Es tu deber apuntar alto en la vida.
No le digas al mundo lo que eres capaz
de hacer: ¡muéstralo!"

—Neville Goddard

Mi deseo para ti es que obtengas la claridad que buscas y descifres el manual que revela la ruta inexplorada hacia tu máxima felicidad. ¡Que todos tus deseos se hagan realidad y que puedas compartir tus éxitos con los demás!

Mi Viaje por la Psique

Hoy _____del mes_____del año_____.

Yo,_____comienzo
conscientemente este viaje a través de la psique en busca de las respuestas
que me revelarán la ruta inexplorada hacia mi Destino Ideal.

La razón por la que me embarco en este viaje es:

_____

_____

_____

_____

_____

_____

_____

_____

_____

_____

_____

_____

_____

_____

_____

_____

_____

_____

_____

*"Lo que eres es lo que has sido
y lo que vas a ser es lo que haces ahora"*

—Sabiduría budista

Capítulo 1

¿DÓNDE ESTÁS AHORA?

Antes de saber hacia dónde quieres ir, sería útil saber dónde estás AHORA en este momento de tu vida, ya que de todas formas seguirás tu viaje desde este punto y este momento. Cuanto más claro tengas dónde te encuentras actualmente tratándose de familia, salud, relaciones, dinero, carrera profesional, tiempo libre, apariencia física, desarrollo personal, creencias, sueños y deseos, más fácil será evaluar de dónde puedes sacar fuerzas y qué cambios deseas realizar antes de continuar con tu viaje.

Al final de este libro encontrarás un mapa. Obsérvalo y tómate tu tiempo. Supón que en este mapa puedes ir descubriendo tu camino en la vida y que, además, puedes ver dónde estás en este momento. Observa el mapa con tranquilidad y decide: ¿Dónde estoy AHORA?

ANALIZAR O DETERMINAR INTUITIVAMENTE:

Puedes analizar el mapa y preguntarte qué lugar en el mapa representa mejor el momento actual del viaje de tu vida. También puedes determinarlo de forma intuitiva para dar con la ubicación que mejor refleja dónde estás en este momento. Eres libre para decidir de qué forma llegas a la conclusión de dónde te encuentras AHORA en este mapa. Es tu vida, y nadie mejor que tú para decidir *dónde* te encuentras en este momento y *cómo* has llegado a esa conclusión.

Si lo deseas, puedes marcar el sitio que has escogido en el mapa para poder ver claramente dónde estás en el momento actual de tu vida. En tu Diario de Viaje describes lo que para ti simboliza ese lugar que has elegido. Después lee las definiciones de tu Diario de Viaje y las completas.

"Conócete a ti mismo"

—Inscripción en el templo de Apolo

DIARIO DE VIAJE

Este es el sitio en el mapa que he elegido como mi momento actual y esto es lo que se ve en la imagen:

En este momento todas estas personas, estos seres y estas cosas son importantes para mí ya que:

Estas son las partes de mi vida actual que puedo decir que son agradables, buenas, vigorizantes y maravillosas:

Estas son las cosas en mi vida que aún no son como lo deseo:

Recomendación de Viaje:

Cuando te acuerdes de más información, anótalo todo en tu Diario de Viaje. Recuerda que te permitirá analizar lo que te gustaría cambiar y sacar fuerzas de lo que ya es como tú deseas.

Cuanto más claros sean tus pensamientos tanto más poderosos serán tus actos.

Capítulo 2

¿DÓNDE HAS ESTADO?

Un viaje de 1000 millas comienza con un solo paso. No dejes que ni la duración ni la distancia te desanimen; recuerda que ya has recorrido una gran parte del camino. Has llegado al AHORA y has vivido muchas experiencias, conocido a muchas personas y adquirido habilidades y conocimientos a lo largo de tu vida.

Es posible que no veas con claridad el camino a seguir, incluso puede que sientas que no avanzas; quizás creas que estás andando en círculos sin llegar a tus objetivos o que no vas lo suficientemente rápido para poder alcanzar tus metas. Recuerda que ya has recorrido una gran parte del viaje. ¡Estás más cerca de lo que piensas!

Aquello que has vivido y experimentado puede ofrecerte información muy valiosa sobre la ruta a seguir de aquí en adelante, ayudándote a comprender el valor de todo lo que has recibido durante tu vida.

Concédete una pausa, un alto en el camino, antes de que decidas cómo seguir hacia delante. Relájate y tómate un momento para poder repasar todo lo que ya has vivido.

¿EN QUÉ SITIOS HAS ESTADO Y QUÉ EXPERIENCIAS HAS VIVIDO?

Hay varias formas de decidir cómo reflejar en el mapa el camino de tu vida desde el momento actual, retrocediendo en el tiempo hasta el comienzo de esta vida, el principio de tu viaje. Decide si quieres marcar los sitios en el mapa y cómo deseas hacerlo.

De lo que se trata es de que puedas descubrir los momentos de tu vida que hayan sido importantes y significativos para ti. Vas a decidir qué acontecimientos han sido decisivos en tu vida, momentos que han cambiado tu vida y tu persona. También toma consciencia de las experiencias que han ido moldeando tu personalidad, tu físico, tu entorno, tus contactos, tus actividades, tus sueños y deseos.

Tú eliges cuantas experiencias deseas reflejar. Lo haces para poner a tu alcance toda la información que pueda serte útil y te permita descubrir el valor de todo lo que has recibido y experimentado a lo largo de tu vida. Al tener claro qué momentos y personas son importantes y decisivos, así como la influencia que han tenido sobre ti, serás capaz de descubrir qué creencias, estrategias y acciones son las que has empleado durante ciertos tramos del camino.

Esa información será de gran valor cuando quieras aclarar y distinguir lo que refuerza tu camino y lo que pueda estar frenando tu viaje. Si recuerdas experiencias vividas más adelante, tómate tu tiempo para describirlas en tu Diario de Viaje. Y si lo deseas, márcalas en el mapa.

¡Equípate con valiosa información!

Procura ser tan preciso como puedas para aprovechar al máximo la información de la que dispones. Tener las cosas claras te dará conocimiento y el conocimiento te dará opciones. Al nombrar a las personas importantes en tu vida especifica por qué son importantes para ti, cómo te influyen, qué te han dado, cómo te han formado, qué implica tener a estas personas en tu vida. Cuando describas acontecimientos específicos, anota qué pasó, lo que sentiste, pensaste o hiciste y cómo han afectado a tu persona y tu vida.

Recomendación de viaje: anota fechas o edades en tu Diario de Viaje. Pueden ayudarte a esclarecer ciertos patrones y temas recurrentes en tu vida.

Estas son las experiencias, las personas y los acontecimientos que han marcado mi vida ya que:

"Todo lo que somos es el resultado de lo que pensamos"

—Buda

Capítulo 3

¿QUÉ LLEVAS EN TU EQUIPAJE?

Viajar con una tonelada de equipaje puede ser difícil. Puede retrasar significativamente el viaje o incluso bloquear por completo el camino hacia tu Destino Ideal. ¿Cómo te sentirías si pudieras viajar ligero y llevar contigo tan solo aquellas cosas que te sean útiles y te ayuden a conseguir tus metas? Es hora de abrir tu equipaje para poder decidir lo que te puede servir durante el resto del camino y lo que ya no necesitas. Crea espacio en tu equipaje y asegúrate de viajar ligero.

¿Qué llevas en tu equipaje? ¿Qué es lo que arrastras contigo allí dónde vas? Supón que las siguientes piezas de equipaje forman parte de nuestras vidas; mochila *Creencias*, maleta *Demasiadas Cosas*, Baúl *Relaciones Turbias*, bolsa de viaje *Cosas Incompletas* y neceser *Belleza Interior y Exterior*. Obsérvalas por un instante y toma conciencia de qué piezas acarreas contigo. ¿Qué piezas pesan tanto debido a todo lo que llevan? ¿De qué piezas llevas más de una por haberlas llenado de tantas cosas? ¿Qué pieza es la que se te hace más pesada por la carga emocional que supone? ¿Te imaginas lo difícil que puede ser viajar con todo este equipaje? Elige con qué pieza de equipaje deseas comenzar y ábrela para que pueda entrar aire fresco.

MOCHILA CREENCIAS

Cuanto más te pesen tus creencias, más difícil te será avanzar.

Desde el comienzo de tu viaje has ido llenando esta mochila poco a poco. En ella encontrarás cosas buenas y útiles, cosas que te refuerzan y te ayudan a avanzar con paso firme. Sin embargo, también podrás encontrar cosas que te frenan a la hora de alcanzar tus metas, incluso puedes encontrar cosas que obstruyan tu paso hacia tu Destino Ideal. Aun así cargas con todas ellas. ¿Es este un buen momento para ver lo que has ido arrastrando contigo?

Puedes aligerar tu equipaje. Toma conciencia de todo aquello que llevas en tu mochila. Después podrás decidir qué creencias decides preservar y qué creencias prefieres tirar.

Cuando abras por primera vez tu mochila de creencias posiblemente no veas con claridad todo lo que has llevado a cuestas. Las creencias que llevas en la mochila son aquellos pensamientos que crees que son verdad. Tanto si se trata de tu vida personal como del mundo que te rodea, tanto si son útiles y buenas para ti como si dificultan tu camino y te dañan. Las creencias que has aceptado totalmente como tu realidad se han convertido en fuertes convicciones. Estás completamente seguro de que son verdad. Todo esto lo has ido metiendo en esa mochila. Comienza simplemente a desempaquetarlo todo, una por una saca todas las cosas de la mochila. Hay cosas que tú mismo has empaquetado y hay cosas que otras personas en algún momento de tu viaje han metido en tu mochila. Este es tu momento, esta es tu vida y tú puedes decidir de una vez por todas qué creencias decides guardar y de cuáles te quieres deshacer para siempre.

Por el momento no hace falta que soluciones nada, tan solo desempaqueta la mochila y pon cada cosa en el montón correspondiente. Anota las creencias y convicciones que tengas y decide si tú mismo las has empaquetado o si en algún momento de tu vida otra persona las metió en tu mochila.

Esto es lo que me digo en cuanto a mi **carrera y profesión:**

....

....

....

....

....

....

....

....

....

....

....

....

....

Esto es lo que me digo en cuanto a mi **familia:**

Esto es lo que me digo en cuanto al **dinero:**

Esto es lo que me digo en cuanto a mi **apariencia física:**

Esto es lo que me digo en cuanto a mis **amistades y contactos sociales:**

¿Has puesto cada cosa en su sitio? ¡Perfecto!

Tómate tu tiempo para que puedas ver todas esas creencias que has llevado contigo. Decide qué creencias eliges mantener que sean buenas, útiles, poderosas y valiosas para el resto de tu viaje. Vuelve a empaquetarlas en tu mochila.

Utiliza las siguientes páginas para anotar todas las creencias valiosas que tienes y conviértelas en poderosas convicciones. En cualquier momento puedes añadir nuevas creencias que desees guardar. Lo haces para ser consciente de todas las convicciones útiles de las que dispones y, sobre todo, para reforzarlas. Céntrate activamente en tus pensamientos nutritivos y dales espacio para que crezcan y jueguen un papel cada vez más importante en el viaje hacia tu Destino Ideal.

Todo esto ya lo tienes, todo esto ya lo eres. ¡Celébralo!

Estas creencias y convicciones las vuelvo a poner en mi mochila con toda confianza:

Estas creencias y convicciones las vuelvo a poner en mi mochila con toda confianza:

Veamos ahora qué creencias y convicciones aún permanecen en los distintos montones. Podrías elegir no hacer nada. Pero ya que las has desempaquetado están a la vista y seguirán ahí hasta que decidas hacer algo con ellas. ¿Estás listo? Bien, empecemos.

Échales un vistazo y decide lo que te gustaría hacer: ¿las tiras, las quemas o prefieres atarlas a un cohete y mandarlas al espacio infinito? Puede que haya creencias que prefieras devolver a las personas que te las dieron. Piensa qué opción te llama la atención, ¿qué te gustaría hacer con esas creencias?

En la Guía de Viaje *"Deshacerse de Viejas Convicciones"* podrás ver distintas opciones para liberarte de las creencias y convicciones que te restringen y dificultan tu progreso. Elige aquella opción que te parezca adecuada o déjate inspirar y crea tu propia manera de deshacerte de esos pensamientos debilitantes. Posiblemente encuentres creencias y convicciones que se refuerzan y alimentan entre sí, puedes juntarlos y hacer un solo paquete antes de deshacerte de ellas. Si lo prefieres, también puedes coger creencia por creencia, convicción por convicción y deshacerte de ellas una por una. Tómate tu tiempo, procura empezar a deshacerte de algunas para experimentar cómo te sientes tras haberlo hecho.

*"La única forma de obtener lo que realmente
deseas es deshacerte de lo que no quieres"*

—Iyanla Vanzant

Guía de Viaje: Deshacerse de Viejas Convicciones

DESHACERTE DE LO QUE YA NO DESEAS

Tira aquello que ya no te sirve. Decide si quieres deshacerte de una o varias creencias. Puede que encuentres creencias que se alimentan y refuerzan, puedes juntarlas en un solo paquete y deshacerte de ellas a la vez.

Fecha:_____/_____/_____.

Hoy me deshago de la siguiente creencia:

_____

_____

Después de haber leído el texto en voz alta, tómate un instante para concienciarte del hecho de que la has llevado contigo todo este tiempo. Luego tomas conscientemente la decisión de tirarla, porque no te apoya e incluso te frena en tu camino hacia tu Destino Ideal.

Utiliza tu imaginación y coge la creencia con tu mano dominante, aquella con la que escribes, y posiciona tu cuerpo de tal forma que adoptes una postura fuerte y equilibrada para poder tirar la creencia limitante lo más lejos posible. Imagínate que tu brazo tiene la misma fuerza que la de un bate de béisbol al lanzar la pelota fuera del estadio. Haz los movimientos físicos simulando que lanzas la creencia limitante al otro lado del mundo. Utiliza toda tu fuerza física y mental y ¡lanza esa creencia al otro lado del mundo!

Puede que sientas que no se ha lanzado lo suficientemente lejos; en ese caso, simplemente vuelve a repetir el lanzamiento de forma aún más consciente; aprovecha toda tu fuerza y lánzala lejos de ti. Utiliza tu fantasía para imaginarte que la creencia vuela por el aire a tal velocidad que desaparece en la distancia para no volver jamás.

¡Ya está hecho! Respira tranquilamente. Me siento:

Suéltalo y déjalo estar. Si notas cambios en tu estado emocional, mental o físico, anótalo en tu Diario de Viaje y equípate con información útil para continuar tu viaje.

QUEMAR CREENCIAS Y CONVICCIONES LIMITANTES

Decide si vas a quemar una o varias creencias a la vez. A las creencias que se retroalimentan y se mantienen activas puedes juntarlas en un solo paquete y quemarlas al mismo tiempo. En muchas culturas el fuego es considerado como un elemento que purifica. El fuego transforma al quemar aquello que ya no se desea para así poder soltarlo. Esto es exactamente lo que se pretende con este ritual: purificar nuestros pensamientos al deshacernos de las creencias limitantes.

Fecha:_____/_____/_____.

Esta es la creencia o convicción limitante que voy a quemar hoy:

....

....

....

....

....

....

....

....

....

....

Tras leer lo que has escrito, piensa por un momento que tú la has llevado contigo y la has aceptado como tu realidad. Acto seguido, toma conscientemente la decisión de quemarla de una vez por todas. Porque no te apoya e incluso te frena a la hora de alcanzar tu Destino Ideal. Utiliza un trozo de papel para poder anotar la creencia que elijas quemar. Puedes despedirte de forma consciente de esa creencia limitante para así dar una orden a tu mente de que se trata de una despedida definitiva.

Podrías escribir algo así como: "Hoy me deshago de esta creencia limitante. Durante un tiempo la acepté como mi verdad. Ya no, ya no la necesito y la suelto para siempre". Asegúrate de quemar el papel de forma segura. Puedes utilizar una chimenea, una hoguera, un cuenco de metal, una olla o un agujero en el suelo delimitado con piedras.

Recomendación de Viaje: añade romero u hojas de salvia blanca al fuego. Primero quemas la creencia limitante y cuando veas que el fuego consume el papel añades las ramas de romero o las hojas de salvia blanca a las llamas. Se cree que al hacerlo se purifica y limpia la energía y que a la vez atrae buena suerte. ¡Fuera con lo viejo! Y listo para lo nuevo que aún está por llegar. Observa las llamas, mira cómo el fuego se encarga de todo, cómo el humo baila por el aire hasta que desaparece. El aire vuelve a ser puro, el papel ha desparecido y con él aquello que te limitaba. ¡Ya está hecho! Respira tranquila y profundamente.

Ahora me siento:

....

....

....

....

....

....

....

....

....

Suéltalo y déjalo estar. Si notas cambios en tu estado emocional o mental, anótalo y equípate con información útil.

ENVÍALAS AL ESPACIO INFINITO

Existen creencias y convicciones que deseas lanzar tan lejos de ti para poder estar seguro de que jamás volverán a encontrar su camino de vuelta. En ese caso, ¡envíalas al espacio infinito! Decide si vas a enviar una o varias creencias limitantes a la vez. A las creencias que se retroalimentan y se mantienen activas puedes juntarlas en un solo paquete y atarlas juntas a un cohete con destino hacia el infinito.

Fecha:_____/_____/_____.

Hoy voy a enviar al espacio esta creencia o convicción limitante:

....

....

....

....

....

....

Tras leer lo que has escrito, piensa por un momento que tú la has llevado contigo y la has aceptado como parte de tu realidad. Acto seguido, toma conscientemente la decisión de enviarla al espacio infinito para que no vuelva jamás. Ya que no te apoya e incluso te puede estar frenando a la hora de alcanzar tu Destino Ideal.

Observa la creencia limitante con tu imaginación y utiliza tu fantasía para poder ver cómo la atas a un cohete. Puedes utilizar fuertes cadenas de hierro para poder estar seguro de que no se soltará por el camino. Quizás prefieras imaginar que puedes abrir una puerta para poder meterla dentro y cierras con un buen candado, asegurándote de que la creencia limitante permanezca dentro del cohete.

Elijas lo que elijas, asegúrate de qué sería exactamente lo que harías si realmente pudieras coger esa creencia y enviarla al espacio. Así será más fácil utilizar tu fantasía y crear el estado emocional y mental necesarios para deshacerte de esa vieja creencia. Decide primero cómo vas a asegurarte de que la creencia esté bien sujeta al cohete para poder crear imágenes vivaces y realistas y así poder recrear en tu mente la escena que estás a punto de dirigir.

Cuando tengas clara tu elección, tómate un momento para ser consciente de que durante este tiempo has llevado esa creencia contigo y la has aceptado como tu realidad. Decide activamente que ya no vas a permitir que siga formando parte de tu vida. Expresa en voz alta qué es lo que envías al espacio y por qué lo haces. Lanza el cohete al espacio, observa cómo sube hacia el cielo hasta perderse en el infinito, estando totalmente fuera de tu alcance ahora y para siempre. ¡Desapareció! Respira tranquila y profundamente.

Ahora me siento:

....

....

....

....

....

....

....

....

....

Suéltalo y déjalo estar. Si notas cambios en tu estado emocional, mental o físico, anótalo y equípate con información.

Recomendación de Viaje: permite que tu creatividad se exprese con total libertad, pudiendo crear formas propias de deshacerte de creencias. Asegúrate de tener claro qué convicciones ya no te sirven ni necesitas y toma la decisión de sacarlas de tu mochila para deshacerte de ellas. En cualquier momento de tu viaje puedes mirar lo que llevas en tu mochila y tirar lo que ya no te sirve.

DEVUELVE LO QUE NO ES TUYO

A veces es mejor devolver la creencia a la persona que te la ha dado. Aunque otro te la ha metido en la mochila durante algún momento de tu viaje, tú la has llevado contigo y la has aceptado como parte de tu carga. Decide si vas a devolver una o varias creencias limitantes. A las creencias que se retroalimentan y se mantienen activas puedes juntarlas en un solo paquete y devolverlas juntas.

Hoy voy a devolver esta creencia limitante:

....

....

....

....

....

....

....

....

Tras leer lo que has escrito, tómate tu tiempo para ser consciente de que has llevado esa creencia contigo y la has aceptado como tuya todo este tiempo. Toma la decisión de que esta creencia ya no formará parte de tu realidad y que la vas a devolver a la persona que te la dio en su momento.

Decido devolver esta creencia limitante porque:

....

....

....

....

....

....

....

Observa las opciones expuestas a continuación y decide cuál de ellas te llama la atención.

- Una conversación sincera
- Una carta sin destino
- Una conversación real o carta real

UNA CONVERSACIÓN SINCERA

Toma asiento en un lugar tranquilo y confortable donde puedas ser tú mismo y dedicar este tiempo a la conversación sincera sin ser interrumpido. Imagina que la persona a la que vas a devolver la creencia limitante está sentada frente a ti. Para echarle una mano a tu imaginación puedes poner una silla enfrente de ti e imaginar que la persona en cuestión está sentada en esa silla. Cierra los ojos, respira tranquilamente a un ritmo que consideres agradable.

Deja que los pensamientos que aparezcan en tu mente se presenten, así como todo sentimiento que surja; déjalos venir y luego simplemente déjalos ir. No les prestes demasiada atención. Pueden venir e irse. Estás aquí con un objetivo concreto y ese objetivo lo vas a cumplir. Vas a devolver una creencia limitante.

Cuando sientas que estás tranquilo, empieza a "ver" y "sentir" a la persona que tienes enfrente. Empieza en voz alta a decirle lo que vas a devolver y por qué eliges hacerlo. Abre tu corazón y háblale desde el sentimiento sincero que llevas dentro. Empieza a hablar y libera tu corazón del peso que has llevado contigo. Exprésate con total libertad y sinceridad. Cuando hayas dicho todo lo que tenías que decir, puedes terminar la conversación con algo así como: "[nombre], hoy te devuelvo esta creencia [nombra la creencia]. La he llevado conmigo durante un tiempo y la he aceptado como mi verdad. Pero ahora elijo no cargar más con esta creencia ni aceptarla como parte de mi realidad. Te la devuelvo, a mí ya no me sirve". ¡Ya está todo dicho; ya está hecho! Respira tranquila y profundamente.

Ahora me siento:

....

....

....

....

....

....

....

....

....

....

....

....

Suéltalo y déjalo estar. Si notas cambios en tu estado emocional, mental o físico, anótalo y equípate con información útil.

LA CARTA SIN DESTINO

Toma asiento en un lugar tranquilo y confortable donde puedas ser tú mismo y dedicar este tiempo a escribir la *CARTA Sin destino* sin ser interrumpido. Coge papel y bolígrafo y escríbele una carta a la persona a la que vas a devolver la creencia limitante.

Vas a poner palabras a los sentimientos y pensamientos que tienes con respecto a la creencia que has llevado contigo todo este tiempo. Ofrécele la oportunidad sincera a tu corazón para soltarlo todo, no dejes nada sin expresar. Recuerda que la carta no la va a recibir el remitente. Libérate del peso que has llevado contigo, sin presión, sin preocuparte por la reacción del remitente. Si te cuesta empezar puedes comenzar la carta con algo como: "[nombre], te devuelvo la creencia [nombra lo que has creído] porque [describe las razones por las que decides no aceptar esto como parte de tu verdad]. La he llevado conmigo durante un tiempo y la he aceptado como mi verdad, pero ahora elijo soltarla de una vez por todas. No es quien soy ni forma parte de mi realidad. Te la devuelvo, a mí ya no me sirve".

Cuando termines puedes optar por quemar la carta o pasarla por un triturador de papel y así destruirla por completo. Asegúrate de destruirla como parte del proceso. No solo has soltado todo lo que necesitabas soltar, sino que además te has liberado de la carga al deshacerte físicamente de la carta para siempre.

UNA CARTA O CONVERSACIÓN REAL

En algunos casos puede ser muy útil mantener una conversación real o escribir una carta y enviarla de verdad para poder compartir tus pensamientos y sentimientos. Sobre todo si la persona en cuestión tiene un papel importante en tu vida. Tu objetivo sigue siendo el mismo: poder deshacerte de la creencia limitante que has llevado contigo tanto tiempo. Sin embargo, la forma puede ser muy distinta cuando elijas tener una auténtica conversación o enviar una carta.

A lo que aspiras es a mejorar o sanar la relación al deshacerte de una creencia limitante sin querer dañar a la otra persona. Lo que vas a hacer es decir o escribir lo que deseas soltar, indicando que lo recibiste en su momento de esa persona sin hacerla exclusivamente responsable. No olvides que durante este tiempo tú has mantenido la creencia activa sin deshacerte de ella.

Puedes optar por decir o escribir algo así como: "[nombre], estoy tratando de aclarar dónde me encuentro en estos momentos de mi vida y hacia dónde quiero ir, por lo que también me paro a pensar en el tipo de persona en que me he convertido y sobre todo en el tipo de persona que deseo ser. Hay cosas que me digo, cosas que creo que me están frenando, no me dejan disfrutar de quien puedo llegar a ser y de cómo puedo vivir. Cuando [explica en qué momento de tu vida ocurrió] me dijiste [expresa lo que a tu entender se dijo con respecto a la creencia limitante] yo lo entendí como [expresa cómo interpretaste lo dicho y por qué se convirtió en una creencia limitante] y lo he aceptado como mi realidad. Ahora elijo soltar esa creencia y no creerla más. Asumo la responsabilidad de haber mantenido en pie esta creencia y de haberla aceptado como parte de mi verdad. Ya no me sirve, así que la suelto ahora y para siempre".

Recomendación de Viaje: dale a la otra persona la oportunidad de reaccionar. A menudo un comentario no ha sido mencionado con la intención con la que ha sido percibido. Supón que este es el caso con esa convicción que has llevado a cuestas, significaría que todo este tiempo te has dicho a ti mismo algo que no concuerda con lo que la persona te quería trasmitir. Compartir lo que piensas y sientes podría liberaros a ambos de limitaciones.

No hace falta que estéis de acuerdo, basta con que cada uno pueda expresar con qué intención se hizo el comentario y cómo ha sido recibido e interpretado. De todos modos, tu decisión de deshacerte de la antigua convicción se mantiene. Por lo que es hora de soltarla.

Fecha:_____/_____/_____.

Conversación con/escrito a:

....

....

....

....

Creencia que devuelvo:

....

....

....

....

Tras haber devuelto la creencia me siento:

....

....

....

"Mientras no se produzca un cambio en el diálogo
interno, la historia personal permanecerá igual.
Intentar cambiar el mundo
antes de cambiar nuestro diálogo interno
va en contra de la naturaleza misma de las cosas"

—Neville Goddard

En cualquier momento puedes volver a la Guía de Viaje: *"Deshacerse de viejas Convicciones"* para seguir deshaciéndote de aquello que limita tu crecimiento y avance. Procura ser más consciente de lo que te alimenta y de lo que te obstaculiza para así poder elegir activamente aquello que deseas guardar en tu mochila. Podrás decidir qué pensamientos dejas entrar en tu mente y qué pensamientos no son dignos de tu atención.

Cuando decidas cambiar tu enfoque de las creencias limitantes hacia las creencias positivas y alimentes tu mente con convicciones nutritivas, tu viaje tomará una dirección totalmente diferente y podrás dar grandes saltos hacia delante.

LLENA TU MOCHILA CON PENSAMIENTOS NUTRITIVOS

Después de soltar las limitaciones habrás creado espacio en tu mochila que puede ser llenado con pensamientos reforzantes. Aprovecha el espacio creado para llenarlo con aquello que realmente te reconforte, fortalezca e inspire a seguir tu camino apuntando hacia lo más alto. Asegúrate de llenarlo con lo que nutre tu mente. Mira todas aquellas creencias y convicciones positivas y buenas que conscientemente has elegido volver a empaquetar en tu mochila. Escoge una de ellas, algunas creencias se alimentan entre sí, puedes combinarlas haciendo de ellas un solo paquete. Ahora que te has desecho de algunas de tus viejas convicciones vas a ocupar el espacio que han dejado reforzando las creencias positivas.

Rellena una solicitud de visado y dedica tu atención a la creencia positiva con la que quieras nutrir tu mente durante los próximos días. Las solicitudes de visado están al final de este libro.

También puedes centrar tu atención sobre la creencia que quieres reactivar anotando la creencia nutritiva en algún lugar donde puedas verla con regularidad y centrar tu atención en ella.

En ambos casos acuerdas contigo mismo que durante una determinada cantidad de días centrarás activamente tu atención sobre ella, agradeciendo que posees esa creencia como parte del equipaje de tu vida. Procura sentir realmente gratitud por la creencia positiva que ya posees.

MALETA *DEMASIADAS COSAS*

¿Has llenado tu maleta innecesariamente con demasiadas cosas?

¿Arrastras contigo más de lo que puedas llevar? ¿Tienes idea de todo lo que has metido en esta maleta? Supón que estás a punto de irte de vacaciones y que tienes una maleta en el armario llena de cosas. Coges la maleta y añades las cosas que te quieres llevar de viaje. ¿Tiene sentido? ¿No sería mucho mejor crear espacio en la maleta antes de añadir cosas nuevas para poder hacer la maleta con facilidad y así poder cargar con ella?

Por muy ilógico que parezca, hemos llenado esta maleta con un montón de cosas; cosas que ya no utilizamos; cosas que ni siquiera sabíamos que teníamos; cosas con las que podríamos hacer felices a otras personas.

No puedes llenar la maleta con las cosas que te quieres llevar para el siguiente tramo de tu viaje si tu maleta ya está repleta de otras cosas. Ni puedes añadir las cosas nuevas que deseas recibir por el camino cuando esas viejas cosas ocupan todo el espacio. Es hora de hacer limpieza en tu *Maleta Demasiadas Cosas*. Haz sitio en tu maleta, haz sitio en tu casa, en tu cabeza, haz sitio en tu vida.

¡Haz sitio para todas aquellas maravillosas cosas que aún están por llegar!

Comprueba las cosas materiales que tienes. Aquello que te llena y te alegra lo guardas con amor. ¿Encuentras cosas que en realidad ya no utilizas? ¿Qué ya no necesitas? ¿Hay cosas que pueden entorpecer tu viaje o incluso te atan y te obligan a permanecer exactamente adonde estás impidiendo moverte con total libertad? Puedes crear un valioso espacio vendiendo, reciclando, regalando o tirando aquello que realmente no necesitas. Tú decides.

Se trata de que experimentes cómo te sientes cuando creas espacio vital. Al crear espacio puedes llenarlo con experiencias, personas, cualidades y cosas nuevas. Cuanto más claro tengas lo que quieres, más fácil será reconocerlo cuando se te ofrezca por el camino. Cuanto más espacio hayas creado, antes podrán aparecer.

Cuando domines el arte de regalar, tirar, reciclar y ordenar las cosas materiales, más fácil será poder hacer lo mismo con los pensamientos y sentimientos. Sabrás regalar los pensamientos y sentimientos que ayuden y estimulen a otros. Podrás deshacerte de aquellos que ya no te sirven o transformarlos al reciclarlos en algo nuevo y valioso para ti y para otros. Todo comienza al hacer limpieza en la Maleta Demasiadas Cosas.

GUÍA DE VIAJE: CREAR ESPACIO PARA LAS COSAS QUE DESEAS OBTENER Y LAS EXPERIENCIAS QUE AÚN ESTÁN POR VENIR

Cuando dejamos de aferrarnos a las cosas que no nos proporcionan placer ni bienestar, estamos dispuestos a darnos cuenta de que en realidad no necesitamos tanto para ser feliz. Puede que nos sorprenda la sensación de libertad y felicidad que podemos sentir cuando no nos atamos a las cosas materiales que no necesitamos. Y al rodearnos de las cosas que realmente nos hacen felices somos capaces de agradecer que las tenemos a nuestra disposición pudiendo disfrutar de ellas plenamente.

¿Y si la auténtica abundancia no se mide en la cantidad ni el tipo de posesiones que tengas, sino en la capacidad de disfrutar intensamente de aquellas que te llenan?

> *"Las cosas que obtengas nunca te harán feliz.*
> *En lo que te conviertas te hará*
> *o bien muy feliz o muy infeliz"*
> —Anthony Robbins

Tienes la opción de crear espacio en tu vida y tu entorno y experimentar lo que soltar las cosas materiales que no te llenan pueda suponer para ti. Piensa dónde has acumulado cosas que podrías soltar.

Armario de ropa: observa las cosas que guardas en tu armario. ¿Solo tienes ropa que realmente utilizas con la que te sientes bien y que son de tu talla? Si puedes contestar con un rotundo sí: ¡Enhorabuena! Tienes espacio en tu armario para cosas nuevas. ¿No es tu caso? Puedes elegir hacer algo al respecto y crear espacio para las cosas nuevas que deseas atraer.

Manos a la obra: Pon el contenido de tu armario de ropa o bien en la cama o bien en el suelo. Todo el contenido, ¡que no quede nada dentro del armario! Observa el montón de ropa y complementos. ¿Eres capaz de verlo todo con facilidad, cada pieza? O al contrario, ¿estás viendo una montaña de ropa y complementos? ¿Sabías que tenías todo eso ahí metido?

Pregúntate lo siguiente: ¿cómo me siento al ver toda mi ropa? Presta atención a lo que sientes y lo que te dices a ti mismo.

Al ver todas estas cosas me siento:

....

....

....

....

....

....

....

....

....

....

....

....

....

....

....

....

....

....

....

....

¿Cuántas cosas, de las que veo, realmente utilizo? ¿Qué ropa y complementos me hacen sentirme bien? Sé sincero.

Ahora, observa tu armario vacío y hazte las siguientes preguntas: ¿Cómo me siento al ver mi armario vacío?

¿Cómo sería para mí tener en el armario solamente la ropa y los complementos que realmente utilizo?

¿Cómo me sentiría si regalo ropa que yo no utilizo a una buena causa, a amigos, conocidos o desconocidos, si con ello sé que los puedo hacer felices?

Cuando tengas claro lo que piensas acerca de la ropa y complementos que tienes, puedes decidir qué hacer con ellos y pasar a la acción que desees.

Mueble del cuarto de baño: observa el contenido de este mueble. ¿Contiene únicamente cosas que realmente utilizas o vayas a utilizar? Si tu contestación es afirmativa: ¡Estupendo! tienes todo lo necesario al alcance de la mano. ¿No es este tu caso? Entonces puedes optar por hacer algo al respecto.

Reorganiza el mueble del cuarto de baño: Vacía el mueble por completo y pon todas las cosas en un lugar donde lo puedas ver todo con facilidad. Y a continuación hazte las siguientes preguntas:

De las cosas que veo, ¿cuáles utilizo a menudo?

....

....

....

....

....

....

....

....

....

....

....

....

¿Qué cosas pienso usar en algún momento? Sé sincero contigo mismo. Ya que lo has sacado todo del mueble, comprueba si hay productos que están caducados o rotos.

De lo que veo, ¿qué cosas pienso que no son útiles para mí pero que a lo mejor pueden servir a otras personas? Puede parecer extraño pensar dar algo de tu mueble de aseo a otro, pero piénsalo por un instante, ¿puede haber personas que tengan menos que tú? Es probable, ¿verdad? A veces lo que a nosotros nos parece de poca importancia, para otro puede suponer una gran ganancia. Si sabes de alguien a quien le pueda servir, ¿por qué no hacerle ese favor?

....

....

....

....

....

¿Qué pienso con respecto a regalar a otro o donar a una buena causa las cosas que yo no necesito?

....

....

....

....

¿Qué cosas me parecen inútiles para mí y para otros?

....

....

....

....

Tú decides qué hacer con las cosas que ves delante de ti: lo tiras, regalas o vuelves a guardar en tu mueble de aseo.

El trastero, buhardilla o garaje: este es el trabajo serio. Cuando estés preparado para experimentar el efecto que puede tener en tu vida y en tu persona crear espacio, este es un buen reto. Ya que estos son los sitios donde solemos guardar las cosas materiales que no utilizamos a diario. ¿Estás listo para esta tarea?

¡Genial!

Decide primero si vas a hacerlo de una sola vez o por fases. Voy a organizar mi:_____de una vez/ por fases.

Es el momento de ver y decidir lo que guardas y organizarlo todo.

¿Dónde va cada cosa? Las siguientes preguntas te pueden ayudar a organizar tus cosas y crear espacio para todo lo que aún está por llegar. ¡¿Y si lo mejor aún está por llegar?!

¿Qué cosas uso actualmente?

¿Qué cosas voy a utilizar en el futuro?

¿Qué cosas tienen un valor sentimental?

¿Cuáles quiero guardar realmente?

¿Qué cosas podría vender o reciclar?

¿Quiero hacerlo?

¿Qué cosas podría regalar?

¿Deseo hacerlo?

¿Qué cosas podría tirar?

¿Estoy dispuesto a hacerlo?

BAÚL *RELACIONES TURBIAS*

¿Te sería agradable viajar con un baúl lleno de relaciones turbias?

Nuestras relaciones nos influyen en gran parte a la hora de escoger los caminos que tomamos y las rutas que seguimos durante el viaje de nuestra vida. Las relaciones afectivas que nos apoyan en nuestra búsqueda de felicidad las apreciamos como relaciones que nos nutren. Nos ayudan a crecer y nos motivan a seguir por nuestro propio camino. Son aquellas relaciones por las cuales nos sentimos agradecidos y de las que realmente podemos disfrutar.

En cambio, las relaciones turbias son aquellas relaciones de nuestro pasado y presente donde el miedo, el enfado, la tristeza, el descontento, la vergüenza o el asco son el sentimiento primordial que surge al pensar en esa relación. En vez de nutrirnos nos pueden frenar. ¡Ojo!, la persona no nos frena, sino la relación: la unión entre esa persona y nosotros mismos. Cuando una relación está basada en amor, alegría, sorpresa o asombro, nos alimenta y nos ayuda a florecer; en cambio, cuando una relación está basada en emociones limitantes, no es una relación que nos alimenta, pero sí nos puede ayudar a crecer cuando nos damos permiso para sanar la relación o soltarla y liberarnos.

PERSONAS DE NUESTRO PASADO

A veces nos aferramos a estas viejas relaciones consciente o inconscientemente. Hay algo que no hemos resuelto o que no hemos llevado a cabo e inconscientemente estas personas siguen influyendo en nuestras relaciones actuales, así como en la relación con nosotros mismos. Supón que hay personas de tu pasado por las que sientes ciertas emociones limitantes como: enfado, asco o tristeza. A lo mejor sientes que has sido tratado de forma injusta, no valorado o engañado. Estas viejas relaciones ya no forman parte de tu vida. ¿O sí? Cuando piensas en ellas resurgen esas emociones. Revives ciertas situaciones ocurridas: las cosas que se dijeron te vienen a la mente, las cosas que pasaron aparecen en tu consciencia como si lo estuvieras viviendo ahora mismo, y con ellas, los sentimientos correspondientes con toda su intensidad. De alguna forma te tienen atrapado, aunque solo sea de manera inconsciente.

Imagínate que entre tú y la otra persona existe un cordón invisible que aún os une. Estáis en conexión mediante ese cordón invisible, todavía estáis atados. ¿Crees que te será fácil llegar a tu Destino Ideal mientras tengas a personas atadas a ti que tiren en distintas direcciones? Para poder soltar el pasado puedes liberarte y a la vez liberarles a ellos pudiendo seguir cada uno por su propio camino. Concédete el tiempo necesario para averiguar quién permanece atado a ti de alguna forma.

¿Qué personas de tu pasado siguen atados a ti mediante esos cordones invisibles? Anota sus nombres y explica por qué razón seguís atados. En este momento no hace falta que resuelvas nada, es suficiente que seas consciente de los lazos invisibles que puedan estar tirándote hacia lados contrarios al lado que necesites ir para poder alcanzar tu ideal.

Estas personas de mi pasado aún están atadas a mí, ya que:

GUÍA DE VIAJE: SOLTAR LAS RELACIONES TURBIAS

Es posible soltar los lazos que te unen a las personas que siguen atadas a ti sin que formen parte activa de tu vida. Cortando el cordón invisible que os une. Tienes claro que no quieres tener contacto con esta persona ni ahora ni en un futuro. Vas a tomar las acciones necesarias para poder soltar aquello que todavía os ata de cierta forma.

En algún momento de tu vida has establecido esta unión. Algunas uniones siguen activas y siguen enviando energía desde su lado del cordón hasta el tuyo y viceversa. Si fuese una relación que te alimenta, la energía que recibes la sentirías como positiva al pensar en esa persona. Sería una energía buena y agradable. Estas son las uniones que deseas mantener, ya que te alimentan de forma positiva.

Las uniones que al pensar en la persona sientes que la energía que recibes por tu lado de la cuerda se ha vuelto pesada, desagradable o negativa, son las que deseas soltar ya que te están alimentando de forma negativa. Supón que fuera posible ver el cordón que refleja vuestra unión. Imagina que tienes una lupa especial que te permite ver esa unión y que puedes ver qué energía pasa a través del cordón entre ambos, pudiendo ver qué colores, qué consistencia, qué grosor y qué estructura tiene la energía que va de uno a otro.

¿Cuánto te pesa la vibración que recibes por tu lado del cordón y qué resistencia tiene el cordón en sí?

¿Es una energía que deseas seguir recibiendo o prefieres poder soltarla? Puede que la energía se haya enturbiado pero que pueda ser limpiada y que la relación pueda ser sanada. ¿Si fuese así, querrías sanarla?

También puedes elegir cortar y soltar las uniones que no te convengan definitivamente; tú eliges.

CORTAR EL CORDÓN INVISIBLE

Elige qué relación turbia deseas ver con lupa para poder decidir si deseas romper el lazo que aún os une. Anota el nombre de la persona. A continuación, lee las frases y complétalas.

Fecha:_____/_____/_____.

Hoy voy a ver con lupa la relación turbia con:

....

Y a lo mejor decido soltarla hoy definitivamente. Esta unión surgió en su momento porque:

....

....

....

....

....

....

....

Cuando pienso en el principio de nuestra unión pienso en:

....

....

....

....

....

....

....

....

....

....

....

Para mí esta relación ahora es turbia porque:

....

....

....

....

....

....

....

....

....

....

....

....

Esto es lo que he recibido por mi lado del cordón:

....

....

....

....

....

....

....

....

....

....

....

....

Esto es lo que yo mismo he enviado por mi lado del cordón:

....

....

....

....

....

....

....

....

....

....

....

....

....

....

Si resulta que solamente puedo cortar el cordón después de tomar la responsabilidad por lo que por mi parte he enviado, diría que en esta relación turbia yo soy responsable de:

....

....

....

....

....

....

....

....

....

....

....

....

....

....

....

....

....

....

....

....

....

....

....

....

¿Tengo la sensación de que me queda algo por decir, algo por devolver, solucionar o perdonar antes de poder soltar esta relación? ¿Elijo soltar esta unión?

Para poder cortar el cordón y soltar la unión, con el corazón en la mano doy gracias por todo aquello que he recibido gracias a esta unión ya que me ha ayudado a conocerme mejor, me ha permitido crecer como persona y descubrir mi identidad, mis habilidades y mi fuerza, cualidades estas que me ayudarán en mi camino hacia mi Destino Ideal. Estoy agradecido de haber recibido o creado lo siguiente gracias a esta unión:

....

....

....

....

....

....

....

....

....

....

....

....

....

....

....

....

....

Recomendación de Viaje: puedes hacer el gesto físico de cortar el cordón o utilizar unas tijeras reales y cortar el cordón imaginado que os une. Imagínate cómo al cortar ese cordón, este se disuelve en la nada desapareciendo por completo. Ya no hay nada que los una, ninguna energía ni vibración puede ser llevada de un extremo al otro, ya que ha desaparecido el cordón por el que fluían. Ambos sois libres para poder seguir por vuestros propios caminos.

Puede que más adelante, durante tu viaje, decidas volver a esta Guía de Viaje para cortar la conexión con alguien de tu pasado. Bien, utilízala cuando te haga falta y libérate de las ataduras que puedan estar frenándote en tu camino hacia tu Destino Ideal.

Piensa en la relación y plantéate las siguientes preguntas:

¿Por qué surgió esta relación en su momento?

¿Por qué consideras que la relación es turbia?

¿Qué es lo que has recibido a través de esta relación?

¿Qué es lo que has enviado por tu lado del cordón?

¿De qué estás agradecido como consecuencia de esta relación?

¿Qué has creado gracias a esta unión?

RELACIONES TURBIAS QUE AÚN FORMAN PARTE DE NUESTRA VIDA:

¿Por qué siguen activas? Porque estas personas forman parte de nuestra red social. Aunque quisiéramos no podemos excluirlas del todo. Puede tratarse de un familiar, de un jefe para el que trabajes, de un ex con el que compartas la custodia de los hijos, un compañero de trabajo con el que trabajas, un amigo que forma parte de tu grupo de amistades, un vecino que, te guste o no, seguirá siendo tu vecino.

¿Y si resulta que puedes mejorar la relación? ¿Te tomarías la molestia de sanarla? ¿Lo harías? Por ti e indirectamente también por la otra persona. Puedes mejorar una relación turbia o incluso sanarla completamente y transformarla en una mejor versión de lo que fue en su momento.

Depende de que quieras dedicar tu tiempo y energía a hacer el trabajo necesario para poder limpiar o sanar la relación. Es un proceso interno para el cual no necesitas a la otra persona. Realmente lo haces por ti. Y gracias a tu esfuerzo todas las personas que se veían afectadas de algún modo por esa relación turbia, podrán disfrutar de los beneficios del trabajo de limpieza que tú lleves a cabo.

Es posible que en el fondo sepas que lo mejor para ti sería soltar esa relación por completo. Bien, de todos modos, antes de soltar la relación sería aconsejable que no quede ningún cabo suelto entre vosotros para así evitar que sigáis atados de alguna forma.

GUÍA DE VIAJE: SANAR RELACIONES

¿Cómo puedes sanar una relación si tienes la sensación de que esa persona realmente no es buena para ti? Solo pensar en él o en ella hace que quieras salir corriendo o quizás incluso desata una sensación violenta dentro de ti y te encantaría demostrarle lo que realmente piensas y sientes. Pues bien, al sanar la relación lo haces para poder liberarte de cualquier carga o peso que esta relación suponga para ti. Si quieres romper ese lazo para siempre, hazlo. Pero hazlo de verdad, no dejando nada sin resolver para que la liberación sea real.

¿Quieres llegar a tu Destino Ideal? ¿No crees que sería más fácil si no tuvieras el peso de estas emociones negativas influyendo en ti?

¡Hazlo por ti, y libérate de lo que ya no te sirve!

En un principio, al sanar una relación lo haces por ti. Si la relación está sanada puede transformarse en una versión mejor de lo que fue en su momento. Es posible que la relación cambie de forma, manteniéndose el lazo que os une, pero que la energía que os mandéis mutuamente cambie de vibración. Una vez sanada la relación puedes optar por mantener esta nueva forma de relacionaros o puedes soltar los lazos que os unen definitivamente. Lo podrás hacer desde una sensación serena y afectiva, ya que no quedan cabos sueltos. Gracias a tu trabajo puedes liberaros a ambos y seguir creciendo, cada uno por su propio camino. Tú eliges.

El sanar una relación puede ser un proceso que varía de relación a relación. No hay un esquema ni un tiempo concreto que se deba seguir. Con unas relaciones parecerá pan comido; en cambio, con otras, pareces necesitar más tiempo para poder transformar lo que tú envías por tu lado del cordón en una vibración positiva. Comienza con el trabajo de sanación y experimenta cómo influye en tu energía y estado anímico. Es un regalo que te haces a ti mismo. ¡Comencemos, pues!

UNA LIMPIEZA PROFUNDA

Utiliza la limpieza profunda cuando se trate de relaciones que de alguna forma seguirán formando parte de tu vida. Como cuando se trata de un familiar, ya que seguiremos formando parte de la misma familia. Un ex con el que compartimos la custodia de los hijos. Ese buen amigo con el que solíamos tener una excelente relación y que preferimos ver restablecida a que tener que soltarla. Decide qué relación deseas sanar.

Fecha:_____/_____/_____.

Elijo sanar mi relación con: ....

Pega una foto en el marco de sus primeros años de vida. Si no tienes acceso a una foto de los primeros años de vida de esta persona, solicita ayuda de alguien con la que ambos tengáis relación y en la que puedas confiar para llevar a cabo tu limpieza, sin que obtener la foto pueda causar nuevos altercados. Asegúrate de disponer de una foto de la primera fase de su vida antes de continuar con la limpieza.

Aquí está en sus primeros años de vida.

Centra tu atención solamente en lo que ves en la foto. Cuando miro la foto veo:

....

....

....

....

....

....

....

....

....

....

....

¿Qué sientes al ver esta foto infantil? Tras observar la foto me siento:

....

....

....

....

....

....

....

....

....

....

....

....

....

¿Cómo crees que ha sido la primera etapa de su vida? ¿Qué base ha recibido en esta fase? Pienso que este niño:

....

....

....

....

....

....

....

....

....

....

....

....

....

....

....

....

....

....

....

....

....

....

....

....

....

....

Ahora añade una foto en su fase como joven adulto.

Este es como joven adulto.

Cuando miro esta foto veo:

....

....

....

....

....

....

....

....

....

....

....

Si me pongo en su lugar creo que pensaba lo siguiente sobre su vida y que tenía los siguientes sueños y aspiraciones:

....

....

....

....

....

....

....

....

....

....

....

....

Observa la cara en la foto, ¿qué expresan sus ojos?, ¿qué sensación te da este joven adulto?, ¿cuál crees que serían los sueños y aspiraciones de esta persona?, ¿cómo te sientes al respecto?

Cuando pienso en todo lo que ha vivido en esta fase de su vida y los sueños y aspiraciones que tenía siento que:

....

....

....

....

....

....

....

....

....

....

....

....

....

....

....

....

....

....

....

....

....

....

Aquí está en la fase actual de su vida.

Cuando miro esta foto veo:

....

....

....

....

....

....

....

....

....

....

....

....

Creo que esta fase de su vida se centra en:

....

....

....

....

....

....

....

....

....

....

....

....

....

Después de haber visto las tres fotos mientras me imaginaba su camino en la vida, puedo describir su viaje desde su nacimiento hasta el momento actual como:

....

....

....

....

....

....

....

....

....

....

En este momento de su vida aparecí yo en su camino y estas eran las circunstancias de nuestra unión:

....

....

....

....

....

....

....

....

....

....

....

....

Cuando pienso en nuestra relación, creo que lo siguiente hace que yo vea esta relación como turbia:

....

....

....

....

....

....

....

....

....

....

También puedo decir con total certeza que estoy agradecido por las siguientes cosas que he obtenido, en lo que me he convertido o lo que he vivido gracias a esta relación:

....

....

....

....

....

....

....

....

....

....

....

Elijo centrar mi atención durante algunos días en esta relación para sanarla. Yo escojo la cantidad de días que voy a dedicarme a esta limpieza.

Durante los próximos_____días me comprometo a dedicar una parte de mi tiempo a sanar esta relación. Elijo cada día pasar un tiempo en paz y calma para poder recordar todo aquello por lo que puedo estar agradecido gracias a esta unión. Pondré todo mi corazón en ello para ser capaz de sentir realmente esa gratitud. El último día de mi trabajo de limpieza y sanación rellenaré las siguiente frase:

Después de haber llevado a cabo esta limpieza, este ritual de sanación, me siento:

....

....

....

....

....

....

....

....

....

....

....

Recomendación de Viaje: ya sabes cómo llevar a cabo una limpieza profunda en una relación turbia. Requiere tiempo y dedicación, pero realmente merece la pena. Puedes aplicar esta limpieza en otras relaciones turbias.

UNA BUENA LIMPIEZA:

Cuando se trata de una buena limpieza hablamos de transformar las relaciones turbias con esas personas con las que sigues en contacto de forma habitual. Puede tratarse de personas en tu entorno laboral, vecinos, amistades o conocidos de tu círculo social. Sería deseable que el cordón invisible que os une cambiase de vibración para que pueda enviaros una energía positiva que os nutra a ambos y os ayude a crecer y desarrollaros. Elige qué relación turbia te merece una buena limpieza.

Fecha:_____/_____/_____.'

Voy a limpiar la relación turbia que tengo con:_____, mediante una buena limpieza.

Pon tu lupa en esta relación y haz visible lo que esta relación significa para ti en este momento de tu vida. Dibuja la parte del cordón que ahora es visible gracias a tu lupa.

¿Qué colores tiene?

¿Cuál es la consistencia y el grosor?

¿Qué es lo que fluye de un lado al otro?

¿Qué es lo que tú recibes por tu lado del cordón?

¿Qué es lo que envías de vuelta?

Utiliza tu creatividad para poder dar forma a la energía que os habéis estado enviando mutuamente.

Al poner esta relación bajo la lupa me doy cuenta de que nos estamos enviando lo siguiente:

....

....

....

....

....

....

....

....

....

....

....

Viendo el aspecto que tiene el cordón que nos une, tomo la responsabilidad por lo que yo he enviado. Esto es lo que yo he mandado por mi lado del cordón:

....

....

....

....

....

....

....

....

....

....

....

Puedes mejorar considerablemente esta relación turbia, empezando por saber agradecer todo lo que has recibido gracias a ella, así limpias la energía que tú envías por tu lado del cordón. Puede que sea porque la otra persona te lo ha dado o dio en su momento, o porque gracias a esta relación te has dado algo a ti mismo que te ha ayudado a convertirte en la persona que eres hoy. Sea lo que sea, ha contribuido a tu desarrollo como persona y te seguirá ayudando en tu camino para alcanzar tu Destino Ideal.

Agradezco que gracias a esta relación he recibido, creado o me he convertido en lo siguiente:

....

....

....

....

....

....

....

....

....

....

....

....

....

....

....

....

....

Elijo enfocar mi energía durante unos días para sanar esta relación. Durante los siguientes_____días dedicaré un tiempo cada día para enfocar mi energía y sanar esta relación. Cada día enfocaré mi atención para ser consciente de todo por lo que puedo estar agradecido, ya que lo he obtenido, creado o experimentado gracias a esta persona y a nuestra relación. Pondré mi corazón y mi alma en el acto de sentir gratitud por lo que he recibido.

Fecha:_____/_____/_____.'

Tras haber limpiado esta relación he experimentado lo siguiente:

LA LIMPIEZA PARA AUTO CONSERVACIÓN:

Este tipo de limpiezas las haces solo por ti. Es probable que tras la limpieza decidas soltar el lazo que os unía para siempre. Siendo consciente que es mejor no dejar ningún cabo suelto ni nada sin resolver, antes de cortar el cordón definitivamente.

Esta limpieza utiliza los beneficios del agua purificante a la hora de sanar la energía recibida y enviada. Puedes elegir llenar la bañera y tomar un baño relajante; tomar una ducha refrescante; lavarte solamente los brazos, manos y cara con el agua tibia del grifo; aprovechar la naturaleza y dejar que una buena lluvia te purifique o sumergirte en un río, riachuelo, lago o en el agua del mar.

Necesitas algo que pueda simbolizar la suciedad en esta relación y que sea fácil de limpiar con agua. Piensa por ejemplo en barro, una mascarilla o pintura especial para niños que pueda ser lavada fácilmente con un poco de agua.

Voy a limpiar la relación turbia con: _____.

Esto es lo que he recibido mediante esta relación:

....

....

....

....

....

....

....

....

....

....

Y esto es lo que yo he enviado por el cordón invisible:

....

....

....

....

....

....

....

....

....

....

....

....

Hoy me libero de todo eso y dejaré que el agua purifique nuestra unión.

Coge el material que hayas elegido para simbolizar la suciedad en la relación. Extiende un poco del material en tus brazos, cara, pelo o cuerpo, y cada vez que toque tu piel o pelo expresa con palabras lo que simboliza esa suciedad, nómbrala.

Cuando hayas nombrado todo aquello que hace de esta relación una unión turbia, dedica un tiempo en ver y sentir esa suciedad pegada a tu piel y en tu pelo. Utiliza un espejo o el reflejo del agua, mírate los brazos, manos y cuerpo. Plantéate lo siguiente: *Así que esta es la imagen que tiene la suciedad en esta relación. Esto es lo que he estado llevando conmigo todo este tiempo.*

Ahora utiliza tus dedos y manos para sentir la suciedad en tu cuerpo, cara y pelo. Plantéate lo siguiente: *Esto es lo que se siente al tener la suciedad de esta unión pegada a mí.* Es hora de soltarla y limpiar esta relación turbia.

Decide conscientemente liberarte de lo negativo antes de usar el agua purificante. No forma parte de ti, tú no estás sucio; puedes deshacerte de esa suciedad fácilmente. Tan sólo la has llevado contigo durante un tiempo porque aún no la habías limpiado conscientemente. Pero hoy sí vas a ser totalmente consciente de que te vas a liberar de toda negatividad y vas a dejar que el agua te purifique y libere completamente. Deja que el agua purificante haga su trabajo. Toma ese baño relajante, esa ducha refrescante o utiliza el agua tibia del grifo. Sumérgete en el agua del río, riachuelo, lago, mar o ponte debajo de ese chubasco. Siente cómo la suciedad se suelta de la piel, del pelo y observa cómo el agua se la lleva. Estás limpio; todo ha desaparecido.

Puedes decidir si das nueva vida a esta relación que has purificado, o bien si decides soltarla para siempre cortando el cordón invisible que os une.

He limpiado la relación y me he liberado de toda suciedad. Ahora me siento:

....

....

....

....

....

....

....

....

....

....

....

Elijo restablecer/romper esta relación. Para ello voy a hacer lo siguiente:

....

....

....

....

....

....

....

Recomendación de Viaje: puedes restablecer la relación haciendo uso de una Buena Limpieza o una Limpieza Profunda. Por supuesto también puedes optar por soltarla para siempre y cortar el cordón que os unía definitivamente.

BOLSA DE VIAJE *COSAS INCOMPLETAS*

Aunque una bolsa de viaje es una pieza de equipaje ideal para poder viajar ligero y con rapidez, no serviría de mucho si está llena de cosas incompletas. Aunque llegásemos con ella a nuestro Destino Ideal no nos supondría ninguna ventaja. Sería como irte de vacaciones con una bolsa con solo calzado para el pie izquierdo.

Esta bolsa no ralentiza tu viaje, es fácil de cargar y a menudo ni nos damos cuenta de que está entre nuestro equipaje. A primera vista, puede parecer una pieza de equipaje bastante inútil, pero realmente tiene el potencial de convertirse en la más valiosa de todo tu equipaje. Esta es la pieza que puede ayudarte a transformar tu viaje y crecer, si eliges pasar a la acción y completar aquellas cosas incompletas.

¿Qué puede haber dentro de esta bolsa?

Pueden ser las cosas que te gustaría hacer pero que aún no te has animado a empezar. De algún modo las vas aplazando como si creyeras que tu viaje de la vida aún durará una eternidad y que tendrás todo el tiempo del mundo.

También puede tratarse de esas cosas que aún no has terminado; las has empezado, eso sí. Pero después de un tiempo enfocas tu energía en otras cosas y lo que empezaste se queda sin terminar.

Piensa también en todas esas cosas de las que sabes que serían buenas para ti si las hicieras o completaras. Sea cual sea la razón, las metes en el fondo de esta bolsa de viaje para no tener que verlas. Pero están ahí y tu bolsa de viaje pesa más de lo necesario.

Cuando te decidas a pasar a la acción y completar las cosas pendientes o decidir qué prefieres sacar de tu bolsa dándote permiso para soltarlas para siempre, no solo tendrás una bolsa de viaje más ligera y útil, sino que también te podrás sentir liberado y reforzado.

Las cosas que deseabas hacer, pero siempre las posponías, ahora las has puesto en marcha, las estás haciendo. Las cosas que has empezado, pero no pareces terminar, las has evaluado. Has decidido qué es lo que realmente deseas terminar y por qué, y qué es lo que decides soltar para siempre. Vas aligerando esa bolsa y dejando en ella tan solo aquello que te sirve de camino hacia tu Destino Ideal. Las cosas que sabías que tenías que hacer pero que no las hacías, ya están hechas. ¡Terminadas, resueltas! ¡Por fin fuera! ¡Conseguido! ¿Te imaginas cómo te sentirías después?

Veamos lo que otros viajeros han llevado en sus bolsas de viaje de cosas incompletas: *Esas facturas que aún no he pagado. Esas deudas que aún no he decidido cómo afrontarlas ni he planificado cómo poder solucionarlas. El dinero que me deben, pero aún no he recibido. Esa conversación que aún no he tenido y evito tener. Aceptar mi propia responsabilidad. Disculparme y mejorar la situación. Poner en orden mi administración. Empezar/Terminar mis estudios/cursillo. Dedicar tiempo a mí mismo sin poner excusas. Dejar de fumar/beber. Mejorar mi salud y mi condición física. Elegir una alimentación saludable y convertirla en mi nueva dieta. Aceptar que tengo una adicción y pedir ayuda. Hacer cosas divertidas con mis hijos. Por fin, empezar a realizar mi sueño y dar pasos firmes para poder obtener el mejor resultado. Buscar otro trabajo que me haga sentirme más feliz. Limpiar y ordenar mi vivienda. Mejorar mi relación con mi pareja y divertirnos. Pasar más tiempo cualitativo con mis padres/familia. Dejar claro a las personas que amo lo que ellos significan para mí. Afrontar mis miedos y pedir ayuda para poder solucionarlos. Volver a practicar mi pasatiempo favorito. Planificar ese viaje que llevo deseando hacer. Por fin, decidir lo que Yo quiero y es bueno para mí. Ser sincero conmigo mismo y darme cuenta de que mi relación no es satisfactoria y hacer algo al respecto. Relacionarme y conocer gente nueva para ampliar mi círculo social.*

¿Has visto cosas que pueden estar en tu propia bolsa de viaje?

Tu bolsa de viaje de cosas incompletas ya está abierta para que le puedas echar un vistazo. Mira a ver qué cosas te encuentras. No hace falta que resuelvas nada; por ahora es suficiente que te des cuenta de lo que llevas en esta bolsa.

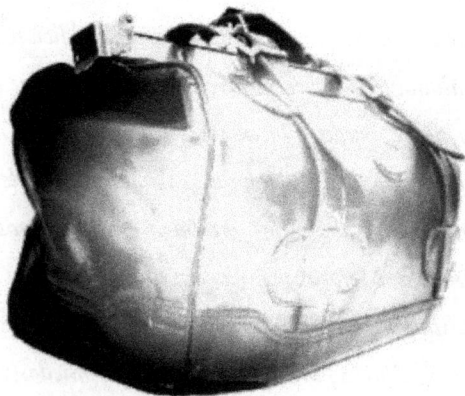

En el compartimento **relaciones** de mi bolsa de viaje hay lo siguiente:

....

....

....

....

....

....

....

....

....

....

....

En el compartimento **familia** de mi bolsa de viaje hay lo siguiente:

....

....

....

....

....

....

....

....

....

....

....

En el compartimento **salud de** mi bolsa de viaje hay lo siguiente:

....

....

....

....

....

....

....

....

....

....

....

En el compartimento **estudios y carrera** de mi bolsa de viaje hay lo siguiente:

....

....

....

....

....

....

....

....

....

....

....

En el compartimento **físico y apariencia** de mi bolsa de viaje hay lo siguiente:

En el compartimento **sueños y deseos** de mi bolsa de viaje hay lo siguiente:

En el compartimento **ocio y tiempo libre** de mi bolsa de viaje hay lo siguiente:

....

....

....

....

....

....

....

....

....

....

En el compartimento **finanzas** de mi bolsa de viaje hay lo siguiente:

....

....

....

....

....

....

....

....

....

....

....

....

Ahora que sabes lo que llevas en tu bolsa comienza a averiguar qué es lo que funciona y qué no, a la hora de poder completar o sacar esas cosas de tu bolsa de *Cosas Incompletas.*

A veces nos resulta muy fácil saber qué es lo que debemos hacer para resolver esas cosas incompletas; otras veces parece ser que con las acciones que tomamos, no logramos los objetivos que nos habíamos propuesto. Juega con esta bolsa y descubre qué tácticas y acciones son válidas para ti.

Si haces las cosas de cierta forma y te funcionan, anótalo y asegúrate de que puedas recurrir a esa táctica cuando te haga falta. Si por el contrario no te dan el resultado deseado, anótalo también y asegúrate de que puedas ver las tácticas que no funcionan. Evita repetirlas una y otra vez y rétate a ti mismo a buscar otras opciones hasta dar con aquellas que te den los resultados que desees.

Estas son mis experiencias al completar mi Bolsa de Viaje:

Estas son mis experiencias al completar mi Bolsa de Viaje:

NECESER *BELLEZA INTERIOR Y EXTERIOR*

¿No sería maravilloso que estuvieras totalmente satisfecho y feliz con tu belleza interna y externa? Todo en ti es exactamente como deseas, y disfrutas inmensamente de quién eres y de cómo eres. ¿Es este tu caso? ¡Enhorabuena!

¿Aún no te ves en esa situación? Bienvenido a bordo. Entonces hay asuntos que merecen tu atención. Hay partes de tu interior y exterior que desearías mejorar para poder llegar a sacar y vivir todo tu potencial de belleza interna y externa. Evaluemos primero cuál es tu opinión con respecto a tu forma de ser y tu aspecto físico.

Indica del 0 al 100 lo contento que estás con tu forma de ser y con tu físico, siendo 0 nada satisfecho y 100 totalmente satisfecho no cambiaría nada.

Estoy_____ % satisfecho con mi forma de ser y_____ % satisfecho con mi apariencia física.

Utiliza tu fantasía e imagínate que en tu neceser hay una poción muy especial y que al tomar un poco de esta poción podrás experimentar por un tiempo cómo serías si vivieses tu máximo potencial y obtuvieras tu forma de ser ideal. Durante unos instantes podrás averiguar cómo eres cuando vives según ese potencial. Toma un poco de esta poción y siente cómo es ser TÚ cuando vives tu versión ideal.

¿Cómo eres cuando vives según tu máximo potencial? ¿Qué es lo que haces? ¿Qué personas te rodean?

Cuando vivo mi máximo potencial conectando con mi yo ideal, actúo de la siguiente manera y me rodeo de estas personas:

....

....

....

....

....

....

....

....

....

....

....

....

....

....

De las cosas que has nombrado, cuáles consideras importantes poder alcanzar y por qué. Estas son las cosas que considero importantes alcanzar para vivir según mi máximo potencial, ya que:

....

....

....

....

....

....

....

....

....

....

....

....

....

....

Escoge una en la que quieras producir un cambio para vivir según tu potencial. Cuando tengas claro lo que deseas cambiar y cómo atajarlo, puedes rellenar una petición de visado y poner en marcha el proceso para activar e integrar ese cambio deseado. Las peticiones de visado están al final del libro.

Tienes claro lo que deseas cambiar, pero dudas de cómo conseguir el resultado deseado. Aprovecha la Alianza de Viajeros o el contacto con tu Consejero de Viaje y tus Mayores para pensar y planificar cómo obtener los resultados que deseas. En el capítulo 8 Ayuda en el camino, podrás leer cómo conseguir ayuda.

Ahora supón que en tu neceser llevas un vaporizador mágico con el que puedes ver tu físico ideal. Al aplicar el contenido de este vaporizador puedes ver por un tiempo cómo sería tu físico en su estado de máximo potencial. Utiliza tu fantasía y aplica el contenido mágico sobre tu cabeza, tu cara, tu cuerpo y observa el resultado con tu imaginación. ¿Cómo sería ese físico ideal? ¿Qué aspecto tiene tu versión ideal?

Esta es la apariencia física de mi ser ideal:

....

....

....

....

....

....

....

....

....

....

....

....

....

....

De las cosas que has nombrado de tu físico ideal, cuáles te parecen importantes de alcanzar y por qué:

....

....

....

....

....

....

....

....

....

....

....

....

....

....

....

....

....

....

Escoge una y pon en marcha el proceso para obtener el cambio deseado. Déjate inspirar por la cantidad de historias exitosas de personas que han conseguido los cambios que tú ahora deseas obtener. Estudia cómo lo han conseguido, qué han hecho, cómo lo han llevado a cabo. Decide qué ejemplos seguir y aplicar en tu propia vida.

Quizás ya has intentado cambiar este aspecto de tu físico antes sin conseguir los resultados deseados. Pues bien, si lo has intentado de cierta manera sin conseguir lo que quieres, es momento de probar con un método nuevo. ¿Qué hacen otros para obtener los resultados que tú buscas? ¿Serías capaz de aplicar sus técnicas y estarías dispuesto a hacerlo? Prueba cosas nuevas y experimenta lo que funciona para ti y lo que no. Piensa en soluciones en vez de en problemas. Por cada convicción que tengas de que cierta parte de tu físico es imposible de cambiar, busca ejemplos de personas que han podido cambiar lo que a ti aún te pueda resultar improbable o incluso imposible.

¿Y si todo fuese posible? ¿Qué pasaría si encuentras formas de llegar a obtener el físico que deseas?

Cuando tengas claro lo que deseas cambiar y cómo atajarlo, puedes rellenar una petición de visado y poner en marcha el proceso para activar e integrar ese cambio deseado. Las peticiones de visado están al final del libro.

Al anotar las acciones que has tomado y los resultados obtenidos te equipas con valiosa información, ya que irás descubriendo qué estrategias y técnicas te funcionan y cuáles no son útiles para ti. Gracias a esta información sabrás aplicar en cualquier momento las acciones que te llevarán a los resultados que deseas obtener.

Recomendaciones de viaje: Para remoldear tu cuerpo, aumentar y tonificar tu masa muscular u obtener un físico más saludable, busca ejercicios que puedas hacer. Busca vídeos de personas que han seguido el entrenamiento durante un tiempo definido y han grabado sus logros en forma de testimonio. Busca el tipo de entrenamiento que te llame la atención y que estés dispuesto a seguir durante el tiempo necesario para obtener el resultado deseado. Encuentra testimonios online. Consigue información, cuanta más mejor, hasta dar con la clave de lo que funciona para ti y poder ponerlo en práctica.

Para cambiar el aspecto físico de la piel, el pelo o características en tu rostro, como pueden ser la longitud de las pestañas, forma general del rostro, el estado de la piel, las arrugas, ojeras, papada, la salud y apariencia de tus dientes y pelo, busca qué opciones existen para los resultados que deseas. Infórmate de las posibilidades, compara y encuentra testimonios de personas que han seguido los distintos tratamientos para poder ver claramente el antes y el después. Decide si alguno de esos tratamientos son algo que tú estarías dispuesto a probar. Con toda la información que hay a nuestra disposición utiliza tu inteligencia para distinguir entre hábiles campañas de marketing y testimonios reales de personas que comparten sus experiencias para poder informar a otros, tanto si les ha funcionado como si no. Sé cauteloso e investiga bien los pros y contras de los tratamientos disponibles.

Si hay opiniones de expertos, asegúrate de que realmente sean expertos. Se trata de que busques tratamientos, productos y técnicas que puedas aplicar en tu vida sin olvidarte de utilizar tu sentido común e inteligencia para elegir bien entre tantas opciones. Asegúrate de documentar tus avances. Toma fotos o haz vídeos del antes y el después de cada zona de tu físico que has decidido mejorar.

Si quieres obtener magníficos resultados atrévete a dar grandes pasos. Sigue un entrenamiento durante 100 días o un cambio alimenticio más saludable durante 100 días. Comprométete a seguir y cumplir esos 100 días para poder ver el resultado final.

Antes de comenzar, documenta el estado actual de tu cuerpo, vitalidad y tu nivel de energía. Proponte una recompensa, ese algo extra que obtendrás si cumples los 100 días sin saltarte ni un solo día. Aparte de obtener los resultados por el trabajo invertido, escoge algo extra, un regalo para ti, algo que realmente deseas tener o hacer y que te pueda motivar a seguir cuando las antiguas costumbres resurjan y estés a punto de abandonar tu propósito. Anota también ese extra motivador en tu Diario de Viaje. Cuando llegues al último día y obtengas los resultados por tus esfuerzos realizados, asegúrate de disfrutar plenamente de tu regalo, el extra que te has prometido a ti mismo. ¡Te lo habrás ganado, así que disfrútalo!

Rellena una solicitud de visado y empieza tu transformación. Elige con qué parte de tu transformación quieres comenzar y encuentra las estrategias que funcionen para ti. Aprovecha tu Diario de Viaje para anotar aquellas acciones que has aplicado para poder conseguir los cambios deseados.

"La mayoría de nosotros no somos conscientes
de que nuestros diálogos internos
son la causa de las circunstancias de nuestra vida"

—Neville Goddard

Capítulo 4

TU LEAL COMPAÑERO DE VIAJE

Durante el viaje de tu vida hay una persona que siempre está contigo. Aunque este fiel compañero de viaje siempre está a nuestra disposición no reconocemos lo especial que puede llegar a ser esta relación. Si nos esforzásemos realmente en llegar a conocer y entender a esta persona, quizás nos daríamos cuenta de lo maravillosa y poderosa que puede ser esta alianza. Entenderíamos lo que significa caminar con nuestro mejor aliado rumbo al Destino Ideal. Apreciaríamos el potencial de sabiduría, amor y apoyo que este leal compañero de viaje nos ofrece.

Es probable que seamos más dulces y benevolentes con otros, y que escuchemos y nos guiemos por los consejos ajenos antes de escuchar y seguir los consejos de este fiel viajero.

Desde el primer aliento hasta el último suspiro, tú eres tu más leal compañero de viaje.

¿Realmente te conoces y te apoyas a ti mismo?

¿Te facilitaría tu viaje si te comprendieses mejor?

¿En qué medida te valoras y te aceptas tal y como eres?

¿Haría más ameno el viaje si pudieses disfrutar más de ti mismo?

¿Confías en ti mismo, eres consciente de lo que puedes ofrecer?

¿Agilizaría tu viaje si realmente creyeras en ti mismo y en tu potencial?

Guía de viaje: refuerza la relación contigo mismo

Todas las respuestas están a tu alcance. Para poder acceder a ellas y llegar a entenderlas es conveniente conocerte bien para comprender el lenguaje de tu propio ser. Pega una foto de tu infancia en el marco y completa las siguientes frases:

¿Qué piensas sobre este niño? ¿Cómo ha sido su primera fase de vida? ¿Qué base le han ofrecido para poder vivir y crecer en esta primera etapa de su vida?

Yo pienso que la base en esta primera etapa de mi vida ha sido:

....

....

....

....

....

....

....

....

....

....

....

....

....

....

....

....

....

....

....

....

....

Añade una foto de tu etapa como joven adulto.

Aquí estoy como joven adulto.

Céntrate primero en lo que ves. Cuando miro esta foto veo:

....

....

....

....

....

....

....

....

....

....

....

Cuando pienso en esta etapa de mi vida y en los sueños y objetivos que tenía, esto es lo que me viene a la mente:

....

....

....

....

....

....

....

....

....

....

....

¿Qué sientes al ver esta foto? Cuando pienso en lo que he vivido en esta etapa de mi vida y en los sueños y proyectos que tenía me siento:

....

....

....

....

....

....

....

....

....

....

....

....

....

....

....

....

....

....

....

....

....

....

....

....

....

....

Aquí estoy en mi actual etapa de vida.

Cuando observo esta foto lo que veo es:

....

....

....

....

....

....

....

....

....

....

....

....

¿Qué ha pasado con tus sueños y proyectos? Creo que esta fase de mi vida está centrada en:

....

....

....

....

....

....

....

....

....

....

....

....

....

Tras haber visto las tres fotos, y siendo consciente del camino que ha tomado mi vida, creo que podría definir mi vida hasta ahora como:

....

....

....

....

....

....

....

....

....

....

....

Lo que agradezco de mí mismo es:

....

....

....

....

....

....

....

....

....

....

....

....

QUÉ DICE EL REFLEJO EN EL ESPEJO

Al dedicarte más tiempo y atención a ti mismo, te aseguras de crear una estrecha relación con tus pensamientos y sentimientos más profundos. Serás capaz de atravesar la capa superficial y llegar al centro de tu ser para descubrir los tesoros de conocimiento, fuerza y creación que están a tu total disposición. Al igual que con otras personas, creas una relación más estrecha al animarles, escucharles, compartir pensamientos y sentimientos, compartir diversión y tiempo o simplemente estar ahí cuando te necesitan. De la misma manera, puedes estrechar los lazos y profundizar la relación contigo mismo.

REFLEJAR PARA REALMENTE VERTE Y ENTENDERTE MEJOR

Tómate tu tiempo para contactar contigo mismo mediante el reflejo en el espejo. Siéntate delante de un espejo. Asegúrate que puedas dedicar tu tiempo con total tranquilidad sin ser interrumpido. Siéntate cómodamente y utiliza un espejo que te permita ver tu rostro y tus hombros. Dedica unos momentos para encontrar una postura agradable y relajarte antes de centrarte en tu reflejo. Deja que los pensamientos que te vengan a la mente se presenten y no les prestes mucha atención, para que se puedan ir tal y como han venido. Cuando te sientas preparado, toma contacto con tu reflejo en el espejo.

Observa lo que ves y deja que fluyan libremente tus pensamientos y sentimientos sin prestarles demasiada atención. Por ahora, lo único que vas a hacer es observarte a través del espejo. Por unos minutos, simplemente observa, no hace falta que hagas nada más.

La experiencia que acabas de tener al observarte puede ayudar a concienciarte de cómo es la relación actual que mantienes con tu Ser.

¿Cómo me sentía al observarme a mí mismo?

¿Qué tipo de pensamientos predominaban?

Cuando me miro al espejo veo:

Mientras me observaba pensaba lo siguiente:

Ahora vuelve a observar tu reflejo en el espejo, solo que esta vez lo vas a hacer de forma más consciente y con el objetivo de mirarte fijamente a los ojos. Siéntate cómodamente y observa tu mirada en el espejo, permite que las ideas y pensamientos superficiales que te vengan a la mente tengan espacio para venir e irse sin que los retengas.

Mantén el contacto con la mirada para poder atravesar esos pensamientos que nos mantienen en la superficie. Sigue para poder indagar y llegar a la profundidad, al núcleo: tu Yo interno. Mantén la mirada hasta que dejes paso a los sentimientos. Cuando hayas experimentado suficiente, suelta la mirada.

Tras haber entrado en contacto conmigo mismo he sentido:

Puedes recurrir a reflejar tu Yo a través del espejo tantas veces como quieras. Cuando sientas que es fácil entrar en contacto con tus pensamientos y sentimientos más profundos y sinceros, aprenderás a entenderlos y habrás encontrado una forma de escuchar y entender los mensajes de tu corazón, una manera de comunicar con tu yo subconsciente.

Cuando utilizas reflejarte en el espejo, lo haces para poder acceder a los pensamientos y sentimientos más sinceros, que pueden estar cubiertos por miles de ideas y sentimientos superficiales al exponernos a todo lo que nos rodea durante nuestro día a día. Puedes acceder a los mensajes de tu corazón y tu sabiduría propia que esperan con paciencia a ser descubiertas y aprovechadas.

Si te resulta fácil tomar contacto mediante el espejo puedes hacer preguntas concretas para guiarte en tu camino hacia tu Destino Ideal. Al principio es útil comenzar con preguntas cerradas, a las que se contestan con un Sí o un No, ya que será más fácil distinguir un claro SÍ o NO entre los miles de pensamientos que pueden surgir. Puede ser útil repetir la misma pregunta un par de veces hasta que tengas claro lo que sientes.

Cuando tengas más práctica será más fácil hacer preguntas abiertas sobre los temas que ocupen tu mente y poder llegar al conocimiento y la creatividad que están a tu disposición.

¿CUÁLES SON TUS VALORES PERSONALES?

Tus valores personales son los valores en la vida que más te llenan, son esos valores que expresan el núcleo de tu ser, son los valores de tu alma. Cuando tengas claro cuáles son, tendrás en tus manos un poderoso instrumento que te puede ayudar a escoger el camino a seguir en cada momento de tu viaje. Comprueba si tus objetivos y las decisiones que tomas están sincronizados con tus valores personales. Si concuerdan con esos valores personales estarás en el rumbo adecuado y serás capaz de mantenerlo. Cuando los objetivos que nos proponemos o las decisiones que tomamos no concuerdan con nuestros valores personales, nos alteran el viaje y nos sacan de nuestro rumbo. Una vez conscientes de ello es fácil retomar el mando y volver a establecer la ruta deseada.

Imagina que alguien te preguntase qué es lo que más te gustaría ser o tener en esta vida. Y que tu respuesta fuera: quiero tener una gran cantidad de dinero y un negocio internacional que dé alto rendimiento con oficinas por todo el mundo.

¿Qué crees que pasaría si uno de tus valores personales fuese la Libertad? La sensación de poder elegir qué hacer, cuándo hacerlo, dónde estar y con quién compartir tu tiempo cada momento de tu vida. Quizás el pensamiento inicial fue que teniendo una empresa internacional te permitiría tener mucho dinero y el dinero te daría la libertad de decidir qué hacer con tu tiempo. ¿Pero crees que alguien al mando de una compañía semejante realmente es libre? ¿Crees que decide a qué hora se levanta, con quién pasa su tiempo y con qué llena su día? ¿Es probable que su tiempo esté invertido justamente en el funcionamiento y crecimiento de su empresa?

Cuando tengas claro por qué valores personales te riges, será más fácil seguir el camino hacia tus objetivos personales. Con esa claridad tendrás la fuerza de pensar, expresar y crear aquello que realmente deseas, lo que realmente es importante para ti. Sin tener claro lo que nos mueve tendemos a dar vueltas sin rumbo fijo, dejándonos llevar por las circunstancias de nuestras vidas.

¿QUÉ VALORES PERSONALES EXISTEN?

Depende a quién le hagas esa pregunta. En su día, el filósofo griego Platón diría: lo verdadero, lo bello y lo bueno. Hoy en día, otros podrían contestar que los valores personales son: *alegría, altruismo, amabilidad, amor, armonía, asertividad, autonomía, autenticidad, belleza, bondad, caridad, compasión, cooperación, conexión, contribución, compromiso social, cortesía, creatividad, crecimiento, curiosidad, decencia, dedicación, discreción, entusiasmo, empatía, esperanza, espontaneidad, estabilidad, fe, felicidad, fidelidad, fortaleza, generosidad, gratitud, honestidad, honor, humildad, igualdad, intimidad, justicia, lealtad, libertad, optimismo, paciencia, paz, perseverancia, pureza, respeto, salud, seguridad, sensibilidad, serenidad, servicio, sinceridad, templanza, tolerancia, valentía, vitalidad* y muchos más.

No se trata de descubrir los valores personales ajenos, sino de llegar a entender por qué valores personales te riges tú. Los valores personales son como nuestra brújula ética con la que nos movemos por el mundo que nos rodea.

¿CÓMO PUEDES DESCUBRIR TUS VALORES PERSONALES?

Interiorizando, conectando con tu Yo interno y sincronizando con tu corazón. Cuando llegues a un valor personal lo podrás sentir, analizando tu vida; podrás entender por qué ciertos valores han jugado un papel importante en tu desarrollo, cómo te han llevado a ser la persona que ahora eres. Tú decides qué valores personales realmente te llenan y cuántos valores personales te parecen importantes.

Estos valores personales los considero importantes. Si no pudiese vivir según estos valores ni pudiera experimentarlos en el mundo en el que vivo, me afectaría muchísimo.

Estos valores personales son los que me parecen importantes porque:

¿CUÁLES SON TUS CUALIDADES?

Para poder disfrutar de todas las opciones y posibilidades que se te ofrecen durante el camino es bueno tener el cofre del tesoro bien repleto de piedras preciosas. Estas maravillosas piedras pueden ayudarte a conseguir tus objetivos, por muy grandes que sean. ¡Llena tu cofre de piedras preciosas! Cada piedra preciosa representa una cualidad que tienes, un talento que posees, todas esas cosas grandes y pequeñas que te hacen ser la persona que eres.

Rellena todas tus cualidades y talentos. Esas cosas que se te dan bien y que forman parte de ti. Pide ayuda para poder ver la autenticidad de tu ser a través de los ojos de otros. Pide a familiares, amigos, compañeros y conocidos que te indiquen qué cualidades ven en ti, qué talentos te adjudican y recolecta esas piedras preciosas para tu cofre. Anota todas esas cualidades y talentos en tu cofre del tesoro y actívalos. Los activas al ser consciente de todo lo que sabes, todo lo que eres capaz de hacer y todo lo que ya eres. Empieza a darte cuenta de todo lo que puedes ofrecer al mundo y cómo puedes alegrar a otros siendo tu auténtico y único ser. Sé consciente de tu cofre lleno de piedras preciosas.

Te ayudarán en el camino. ¡Es más, te ayudarán a encontrar el camino más directo hacia tu Destino Ideal!

Estas son las piedras preciosas que yo mismo he recolectado. Estos son los talentos y las cualidades que reconozco que poseo.

Estas son las piedras preciosas que otros me han dado. Estos son los talentos y las cualidades que otros ven en mí.

_____

_____

_____

_____

_____

_____

_____

_____

_____

_____

_____

_____

_____

_____

_____

_____

_____

_____

_____

_____

_____

Recomendación de Viaje: Cuando recibas un cumplido, asegúrate de anotarlo. Te ofrecerá una visión de tu autenticidad y revelará tu crecimiento personal.

¿CUÁL ES TU IDENTIDAD?

Supón que alguien te pregunta quién eres, ¿qué contestarías? Es probable que tengas una respuesta corta y concisa preparada y sin tener que pensar demasiado serás capaz de contestar a la pregunta. Respuesta que ajustas según quién te ha hecho la pregunta o en qué contexto. Puede que te identifiques con tu nombre, tu profesión, tu papel dentro de tu unidad familiar, tu estatus social, tu físico o tu estado emocional. Algo del exterior que de alguna forma refleja una diminuta parte de tu rica vida interna. Pero, y si realmente te tomaras tu tiempo para poder contestar esta pregunta *¿quién soy?* ¿Quién es ese *yo* en su esencia, esa parte de mí que aún no ha llegado a su máximo potencial? ¿Quién soy en realidad? Tómate un momento para poder contestar a esta pregunta. Respira con tranquilidad, date permiso para conectar y llegar a tu verdadera identidad, aquella identidad que quieres llevar a su máximo esplendor, a su máximo potencial.

Comienza a escribir y sigue escribiendo hasta que sepas y sientas que has anotado todo lo que contesta a la pregunta ¿quién soy realmente?

Yo soy:

¿Has podido crear claridad acerca de cuál es tu verdadera identidad y los valores personales que son importantes para ti? Bien, entonces es hora de plasmarlo en tu Documento de Identidad del Viajero. En este documento puedes reflejar quién eres tú en este momento del camino hacia tu Destino Ideal.

Documento Identidad del Viajero

Yo soy:

Además puedes rellenar tus valores personales, ya que forman una parte esencial de ti.

Recomendación de Viaje: Supón que estás a punto de tomar una decisión importante. Puedes consultar este documento. ¿La decisión que estás a punto de tomar concuerda con los valores esenciales en tu vida o, al contrario, de alguna manera te alejan de esos valores tan importantes para ti?

Puedes recortar y llevar este Documento de Identidad del Viajero contigo y utilizarlo cuando lo consideres oportuno.

✂ ··

Mis Valores Personales:

*"No hay un camino hacia la felicidad,
la felicidad es el camino"*

—Buda

Capítulo 5

¿QUÉ DICE TU CORAZÓN?

Hacer lo que amas te puede dar la auténtica sensación de felicidad. ¿Te imaginas lo fabuloso que sería poder hacer aquello que quieras cada día de tu vida y disfrutarlo plenamente? Para algunos ya es realidad mientras que para otros aún parece algo imposible. Cuando sabes lo que quieres, sabes lo que te hace feliz y cuando eres feliz el viaje en sí es un gran placer. Sigues yendo a por tu Destino Ideal pero disfrutas inmensamente del viaje en sí hacia ese destino. ¿Cómo es posible? ¡Muy fácil, porque cada día haces aquello que amas!

"Ve y despierta tu felicidad"

—Proverbio Persa

Aquello que amas te da claras señales para ayudarte a encontrar la felicidad en tu vida. Como un compás, señala el rumbo hacia tu auténtica felicidad. Y una vez que hayas descubierto tu verdadera pasión, lo único que te queda por hacer es dar cada día un paso en esa dirección. De ti depende que sigas el rumbo indicado por tu corazón.

¿Estás preparado para despertar a tu felicidad y descubrir el rumbo hacia tu pasión? ¡Despierta tu felicidad!

¿QUÉ ES LO QUE AMAS? ¿QUÉ ES LO QUE QUIERES?

Procura ser tan preciso como puedas. Indaga hasta llegar al núcleo de cada cuestión. Cuanto más profundices, más te acercarás al mensaje de tu corazón. Aquello que quieres y amas te indicará el camino a seguir. No es en vano que justamente te gusten y ames esas cosas. Aquel libro, esa película, ese pasatiempo, ese grupo de personas; todo lo que realmente quieres y amas tiene una razón de ser. Son las señales que te indican cómo poder llegar al destino de tus sueños.

Comienza a escribir hasta que puedas rellenar todas las páginas con el corazón. Anota todo lo que amas y quieres. ¿Consigues rellenar las páginas de una sola vez? ¡Fantástico!

¿Necesitas más tiempo para poder acordarte de todas esas cosas y personas a las que quieres y amas o descubrir nuevas cosas y seres a quien amar? Muy bien, puedes tardar tanto tiempo como creas necesario.

Durante el resto de tu viaje puedes seguir rellenando estas páginas con nuevas experiencias. Con el equipaje ligero y el corazón lleno es más fácil dar el siguiente paso.

CAPÍTULO 5: ¿QUÉ DICE TU CORAZÓN?

Lo que entonces parecía imposible, ahora es realidad.
Lo que ahora parece irreal, luego será posible.

Capítulo 6

¿CUÁL ES TU DESTINO IDEAL?

¿A DÓNDE QUIERES IR?

No bloquees tu camino por oposición ni incredulidad, solo porque tu realidad actual es distinta de lo que deseas. Mantente firme en la convicción de que todo es posible. Date una oportunidad real de triunfar. Sueña a lo grande y mantén el enfoque en el resultado final. Ahora mismo no te preocupes por cómo llegar.

Cuando planeas unas vacaciones ideales y escoges una agencia de viajes es probable que tengas claro lo que para ti supondrían unas vacaciones ideales. Expones tus deseos al empleado de la agencia de viajes. Mientras este busca las posibilidades disponibles para poder ofrecerte ese viaje de tus sueños, acaso piensas: "¡Pero AHORA estoy aquí, es imposible que luego esté en mi lugar de vacaciones ideales!"

Probablemente ocurra todo lo contrario y ya disfrutes pensando en esas vacaciones, eres capaz de imaginarte a ti mismo en el lugar escogido disfrutando de todo lo que te ofrece. Lo más seguro es que confíes en que la agencia de viajes hará bien su trabajo y que atenderá todas tus necesidades y deseos al ofrecerte las mejores opciones de viaje y el destino ideal.

Llegáis a un acuerdo y reservas las vacaciones. Te vas a casa con tu reserva hecha y empiezas a disfrutar soñando despierto cómo serán esas merecidas vacaciones. Te aseguras de que te ocupas de todo lo que necesite ser arreglado antes de irte: tus papeles para viajar, seguros, pasaporte en regla, sacar el equipaje para ver qué cosas te puedes llevar, ver quién vendrá a regar las plantas.

En fin, que hay un montón de cosas por arreglar antes de que te puedas ir de vacaciones y ¡las haces!, una por una; tomas el mando y consigues hacer lo que sea necesario para cuando llegue el día de partir estar listo y poder embarcar. ¡Listo para poder disfrutar!

¿Por qué no adoptar la misma postura al tratarse de planificar el viaje hacia nuestro Destino Ideal? Primero, crea claridad. ¿Cuáles son exactamente tus deseos, todos tus deseos? ¿Qué es lo que realmente quieres? Después, expón tus deseos a la Agencia de Viajes Universal y haz saber cuál es tu Destino Ideal. Anótalo, dibújalo, píntalo, cántalo; sea lo que sea que a ti te dé la sensación de que has plasmado claramente tus deseos a la Agencia de Viajes Universal, y deja que hagan su trabajo. No te centres en cómo llegar a tu destino, sino enfoca tu energía en las cosas que tú puedes hacer para preparar tu viaje.

Disfruta soñando despierto cómo sería tu Destino Ideal, ¿cómo es, con quién estás, qué haces, cómo te sientes? ¡Sueña y disfruta de cada instante que en tus sueños estas ahí! Pon en orden tus papeles y prepárate para cuando llegue el momento de partir.

PREPÁRATE PARA SOÑAR

Vuelve en tu mente a tu primer recuerdo consciente y repasa la totalidad de tu viaje hasta llegar al momento actual. Piensa en las experiencias vividas que en un principio pensabas que no serían posibles. Parecían poco probables e incluso imposibles. ¿Qué cosas han ocurrido en tu vida, de las que pensabas que serían imposibles de realizar o experimentar pero que se hicieron realidad? ¿Qué cosas has hecho, experimentado, vivido o conseguido que tú u otros pensabais que no eran realistas y parecían imposibles?

Tómate tu tiempo para realmente recordar todo aquello que en algún momento de tu vida te parecía improbable, pero aun así se hizo realidad.

Toda esta información puede darte una tremenda ventaja en el siguiente tramo de tu viaje. Reúne las pruebas, todas esas pruebas en las que has conseguido hacer posible lo aparentemente imposible. Habla con tus familiares, amigos, conocidos y seres queridos que han compartido distintos momentos de tu vida y pregúntales qué pensaban ellos que tú no serías capaz de hacer, de tener o de ser y que aun así has logrado.

Asegúrate de equiparte con información útil y reúne tus pruebas. Esas pruebas te ayudarán a experimentar un crecimiento acelerado y una expansión de tu forma de pensar. Lo único que hace falta es que te acuerdes de que "imposible" no es más que una palabra creada por los humanos, una creencia limitante. Hay culturas donde dicha palabra ni existe. ¿Qué es imposible en realidad y qué resultaba ser posible después de todo?

Si sólo eligieses hacer una cosa de forma activa y totalmente entregada, esta sería la más valiosa para poder influir en tu viaje, de tal forma que te permitiría encauzar tu camino hacia tu Destino Ideal sabiendo que has reunido suficientes pruebas de que ¡TÚ puedes hacer lo imposible, posible!

Reúne todas tus pruebas. Pruebas de todo lo que has conseguido y en todo lo que te has convertido, te ayudarán a saltar cuando lo aparente y lo realista bloqueen tu camino.

Mientras reúnes tus pruebas, mantén una actitud abierta y confía en esa fuerza vital que hay dentro de ti, esa fuerza que siempre te mantiene en movimiento, impulsándote a crecer. Es la que te hace levantarte tras una caída, la que te hace volver a tener fe tras una derrota, la que te da esperanza en los momentos de oscuridad y la que te estimula a seguir soñando. Esa fuerza vital es tu fuerza creativa, la cual te permitirá encontrar soluciones, pensar en opciones, crear nuevos caminos, aceptar nuevas realidades y compartir con otros lo que ya has aprendido. Esta fuerza inagotable no puede hacer otra cosa sino crecer y expandirse. Cuando empieces a confiar en tu fuerza creativa podrás ir añadiendo más pruebas a tu lista, grandes y pequeñas, logrando avanzar hacia ese destino que has elegido. Ve a por tus ideales y asegúrate de plasmar todas las pruebas de aquellas cosas maravillosas que ya has hecho y de aquellas cosas que aún vas a hacer.

¿Qué pruebas he reunido a lo largo de mi vida de que lo aparentemente imposible se hacía realidad?

Estas son las pruebas que tengo que me demuestran que he sido capaz de hacer, de ser y de tener, aun a pesar de que en algún momento yo u otros pensábamos que sería imposible. Estas son mis pruebas de cómo lo "imposible" se hizo realidad:

Ahora que estamos abiertos a las posibilidades que nos ofrece la vida y las posibilidades que nosotros mismos creamos, es el momento de decidir qué es lo que realmente deseamos crear. ¿Cómo contactas con tu destino, ese Destino Ideal?

Dividámoslo en trozos para que sea más fácil expresar todos tus deseos a la Agencia de Viajes Universal. Rellena tu lista de deseos para tu Destino Ideal.

"Cuando tengas claro lo que quieres,
te será más fácil ver las señales"

—Napoleón Hill

Expresa tus deseos con claridad. Lee las siguientes definiciones y complétalas.

Lista de deseos para la Agencia de Viajes Universal

Estos son mis deseos:

Entorno. El entorno de mi Destino Ideal es:

....

....

....

....

....

....

....

....

....

....

....

Compañeros de viaje. Estas son las personas que estarán conmigo cuando alcance mi Destino Ideal:

....

....

....

....

....

....

....

....

....

....

Alojamiento. Así será mi vivienda, las cosas que poseo, el transporte que utilizo y las vistas que tendré cuando me levante por las mañanas:

....

....

....

....

....

....

....

....

....

....

Presupuesto de viaje. Esta es la cantidad de dinero que tengo a mi disposición, mensual y anualmente, y así es como lo empleo:

....

....

....

....

....

....

....

....

....

....

....

Actividades. Esto es lo que hago al llegar a mi Destino Ideal, así es como empleo mi tiempo:

....

....

....

....

....

....

....

....

....

....

....

Mi Yo Ideal. Estas son las cualidades que tendré una vez que haya llegado a mi Destino Ideal:

....

....

....

....

....

....

....

....

....

....

....

....

SÉ REALISTA Y PIDE LO IMPOSIBLE

Observa tu mapa y decide qué punto en el mapa simboliza tu objetivo ideal, tu destino en la vida. ¿Cuál es tu Destino Ideal? Anota en tu Diario de Viaje lo que significa exactamente ese destino escogido. Lo que supone para ti.

Si te resulta difícil soltar la realidad actual y dejarte llevar por tus deseos, puedes utilizar tu imaginación y darte permiso de soñar a lo GRANDE. Ten claro lo que deseas en todos los terrenos, lo más detallado posible. Claridad te proporcionará el rumbo a seguir.

Se trata de que llegues a tus deseos más profundos: ¿qué quieres exactamente? No te detengas por lo que pienses que es posible o imposible. Date permiso de soltar todo y volar.

Supón que recibes una inmensa cantidad de dinero, más dinero del que podrías gastar en toda una vida. ¡Todo para ti! Y ahora que ya tienes ese dinero, ¿qué vas a hacer con tu vida?

He escogido este sitio en el mapa para representar a mi Destino Ideal, ya que:

_____

_____

_____

_____

_____

_____

_____

_____

_____

_____

_____

_____

_____

_____

_____

_____

_____

_____

_____

_____

_____

_____

_____

_____

_____

No esperes a que se presente el viaje perfecto, comienza tu viaje de todas formas. Una vez que tengas claro cómo es tu Destino Ideal hazlo saber a la Agencia de Viajes Universal, y deja que el transporte y el momento oportuno corran de su cuenta. Mientras tanto, asegúrate de que estás listo y preparado para cuando llegue el momento de embarcar.

Ahora que tienes claro lo que quieres, es hora de preparar este último tramo de preparación para tu viaje. Puedes formular tu Proyecto de Viaje para 1 año y para 3 años. Utilizando los deseos de tu Lista de deseos para la *Agencia de Viajes Universal*, comienza por detallar el proyecto de viaje de 3 años y luego el proyecto para el primer año. Partiendo desde el destino alcanzado y retrocediendo hasta el momento actual. ¿Por qué comenzar con el objetivo final en vez del punto de partida actual? ¿Alguna vez has hecho un puzle de laberinto donde tenías que ayudar a un ratón a alcanzar su trozo de queso? Resulta más fácil llegar a la solución del puzle cuando partes desde el trozo de queso y encuentras el camino hacia el ratón en vez de al revés. Cuando enfocas tu mente en el objetivo obtenido (el queso) para tu mente es más fácil encontrar el camino hacia el punto de partida (el ratón).

Así que para planificar este último tramo del viaje hacia tu Destino Ideal, partiremos del hecho de que ya has llegado a tu destino y encontraremos el camino que te ha llevado hasta ahí, evitando así que nos bloqueemos al fijarnos en nuestra realidad actual y en todos los obstáculos que podamos imaginarnos en nuestro camino sin saber si estarán ahí o no. Ayudaremos a nuestra mente mediante la autosugestión a ver soluciones y posibilidades al enfocarnos en el objetivo conseguido, nuestro destino soñado. Cuando esté escrito el proyecto de viaje de 3 años, pasaremos a detallar el primer año.

PROYECTO DE VIAJE DE 3 AÑOS

Durante los próximos 3 años comenzando el día: _____
voy a dar los siguientes pasos y tomar las siguientes acciones concretas
en los próximos 36 meses que me llevarán hacia mi Destino Ideal:

PROYECTO DE VIAJE DE 1 AÑO

Este año, empezando el día: _____voy a dar los siguientes pasos y tomar las siguientes acciones concretas en los próximos 365 días que me pondrán en la ruta hacia mi Destino Ideal:

....

....

....

....

....

....

....

....

....

....

....

....

....

....

....

....

....

....

....

....

....

....

....

Después de haber descrito tus proyectos de viaje es hora de rellenar el itinerario de viaje. ¿Qué vas a hacer y en qué momento, a quién necesitas para cada paso y cuál es el orden adecuado de las acciones a tomar? Puedes comenzar rellenando la segunda columna: actividad, describiendo lo que vas a hacer exactamente. El resto de las columnas las irás rellenando una vez iniciado ese primer paso.

Cada vez que empieces una determinada acción, anotas la fecha de inicio y anotas quién o quiénes te pueden asistir en cada paso. Usa la última columna para marcar una actividad terminada. Un itinerario de viaje es como un manual que nos proporciona claridad a la hora de entender qué acciones podemos tomar y qué pasos vamos a dar en cada momento, y a la vez nos proporciona la flexibilidad necesaria para poder ajustar nuestro viaje a circunstancias inesperadas y acontecimientos sorprendentes que nos podamos encontrar en nuestro camino.

Puede que comiences con tu paso 1 y que ese paso te lleve a otro aspecto de tu viaje que imaginabas más lejos en el tiempo, pero de alguna forma se te presenta ya; de ahí que la columna de los pasos a seguir, el orden, lo irás rellenando según se va descifrando el orden único de tu propio camino hacia ese destino que late en tu corazón. Elijes conscientemente el primer paso y luego te dejas guiar por el progreso de tus acciones y tu intuición.

Mantente flexible y en movimiento, deja que el impulso te lleve al siguiente paso. Hasta que paso a paso llegue el momento de volar.

*"La razón por la que nos proponemos objetivos
no es para conseguir obtener cosas.
La razón por la que nos proponemos objetivos
es para que podamos convertirnos
en la persona que necesitamos ser
para poder alcanzar dichos objetivos"*

—Anthony Robbins

ITINERARIO DE VIAJE DE 3 AÑOS

N.º	Actividad	Inicio	¿Con quién?	✓

ITINERARIO DE VIAJE DE 1 AÑO

N.º	Actividad	Inicio	¿Con quién?	✓

¿Tienes claro cuáles son tus deseos? ¿Tienes una clara visión de qué pasos puedes dar y qué acciones puedes tomar de camino hacia tu Destino Ideal? ¿Te comprometerías a obtenerlos?, ¿firmarías por ellos? Entonces, estás preparado para firmar el contrato con la Agencia de Viajes Universal.

Firma el contrato con la agencia de viajes y plasma todo lo que quieras acordar. Confórmate tan solo con lo mejor, con tus deseos más grandes e ideales más altos. Es tu vida y tú decides tu Destino Ideal.

CONTRATO CON LA AGENCIA DE VIAJES UNIVERSAL

Yo_____, *estoy de acuerdo con los siguientes deseos para mi Destino Ideal:*

....

....

....

....

....

....

....

....

Dejo el "cómo" en manos de la Agencia de Viajes Universal y me centro en lo que yo puedo hacer activamente. Estos son los pasos que voy a dar para alcanzar mi Destino Ideal. Esto es lo que voy a hacer concretamente:

....

....

....

....

....

....

....

Fecha: _____   *Lugar:* _____

_____   _____
Firma del viajero   *Agencia de Viajes Universal*

*"En silencio encuentras lo absoluto,
en acción la vida externa.
Ambos provienen de la misma fuente"*

—Tao Meng

Capítulo 7

¿CÓMO PONER TODO EN MARCHA?

Ahora que hemos dedicado un tiempo a analizar dónde hemos llegado, de dónde venimos y todo lo que hemos recibido por el camino. Ahora que sabemos lo que nos decimos a nosotros mismos y en lo que hemos creído todo este tiempo. Ahora que somos capaces de reconocer lo que nos ha limitado y lo que nos ha alimentado. Ahora que entendemos lo que nos hace disfrutar y sabemos lo que queremos. Ahora que reconocemos las cualidades y talentos que podemos ofrecer al mundo. Ahora que tenemos más claro lo que deseamos y sabemos qué hacer para ponernos en marcha para conseguirlo, es el momento para ese algo extra.

Algo especial para poner todo en marcha y ayudarnos en cada paso de nuestro viaje. Está en tus manos que apliques de forma activa todos tus conocimientos y habilidades y los transformes en pasos firmes de camino hacia tu Destino Ideal.

Puedes utilizar ese extra durante el camino. Tú decides qué extras aplicas y cuándo los utilizas. Es aconsejable escoger uno de los extras y llevarlo a cabo antes de añadir ese algo extra nuevo. Juega con las opciones, descubre lo que mejor funciona para ti y cómo sacarle mayor rendimiento. Ha llegado el momento de que apliques todo lo que sabes de forma activa. Vive tu vida siendo consciente de que TÚ puedes elegir tu camino y que puedes disfrutar del viaje en sí. ¡Mucha suerte!

Provisiones para el camino, cosas que nos nutren

Alimenta tu mente con los pensamientos vitales adecuados. Al igual que puedes alimentar tu cuerpo con los nutrientes adecuados para tener y mantener un cuerpo sano y vital, también puedes nutrir tu mente con la información saludable y adecuada para ti.

¿Qué pasaría si tomaras decisiones conscientes con respecto a qué información dejas que influya en tu vida y persona? Piensa en toda esa información que nos llega a diario desde distintos canales, todo lo que asimilamos de forma consciente e inconsciente, y todo lo que nuestra mente interioriza, ordena y a lo que da significado para poder movernos por el mundo que nos rodea.

La mayoría de las barricadas en nuestro camino surgen a raíz de información que hemos asimilado, dándole un significado que de alguna forma alimenta nuestras creencias debilitantes. Al interiorizar esa información inconscientemente alimentamos y mantenemos activas esas profundas creencias que nos alejan de nuestro Destino Ideal.

Piensa en todos los estímulos que recibimos a diario, toda la información que nos llega, nuestra mente lo organizará todo para poder funcionar en el entorno en el que nos movemos. Lo que es igual o muy parecido se organizará en los mismos montones, incluso lo aparentemente nuevo será organizado de tal modo que se conectará a algo ya conocido.

Se hacen conexiones y la información que es considerada de extrema importancia será traducida en señales emocionales, y dichas emociones afectarán nuestra forma de actuar.

Supón que tienes la creencia debilitante que la gente no es de confiar.

¿Qué crees que pasará cada vez que en las noticias oigas y veas las cosas tan terribles que las personas se hacen? ¿Y qué pasa con toda esa información que te llega de forma inconsciente? Imagina que estás leyendo un libro mientras la televisión está encendida. Mientras lees tu libro, en el fondo se oyen las voces de los actores de una serie de televisión donde los personajes se están haciendo la vida imposible. Tú no estás viendo la tele, estás leyendo. Aun así, oyes parte de los diálogos y, lo quieras o no, de vez en cuando levantas la mirada y tus ojos exploran la escena que acompaña el diálogo que has escuchado. Tras ver una parte de la escena, vuelves a centrarte en tu libro. ¿Qué crees que ocurre con las partes de la serie que has oído y visto? ¿Con qué conectará tu mente esa información? ¿Cómo la organizará? ¿Cómo influirán estos nuevos datos en la creencia debilitante de que las personas no son de fiar?

Puedes ser más consciente de qué información permites entrar en tu mente y qué información dejas de lado. Puedes descubrir qué tipo de información es útil en tu viaje de camino a tus deseos y qué información bloquea tu avance. Averigua qué te nutre y qué te daña. Analiza el efecto que esa información tiene sobre ti. Descubre qué tipo de información te alimenta y te permite tener una mente saludable, fuerte y vital.

Imagina que durante un tiempo tomas la decisión de no ver las noticias, ni de leer los periódicos. Supón que durante ese tiempo eliges de forma consciente solo aquellos medios de comunicación que te proporcionen noticias e información nutritiva: leer libros que te estimulen, hablar con personas que te inspiren y motiven, ver series y películas que te relajen y de las que disfrutes, escuchar la música que te conmueve. ¿Crees que esto cambiaría algo para ti? Solo tú eres el responsable final de lo que dejas entrar en tu mente.

Mantén sanas y ligeras las provisiones durante este viaje, al fin y al cabo, tú las vas a consumir.

Los próximos días vas a ser consciente de todos los canales de información que forman parte de tu vida actual. Vas a averiguar qué tipo de información consideras debilitante y de qué canales provienen. También vas a analizar qué tipo de información te alimenta y te carga de energía positiva.

He descubierto que los siguientes canales y tipo de información tienen un efecto negativo sobre mí:

....

....

....

....

....

....

....

....

....

....

He descubierto que los siguientes canales y tipo de información me influyen de manera positiva:

....

....

....

....

....

....

....

....

....

....

....

....

....

NUTRICIÓN PARA MI MENTE

Esto es lo que me mantiene saludable, en equilibrio, en armonía, fuerte y vital:

....

....

....

....

....

....

....

....

....

....

....

....

....

....

....

....

....

....

....

....

Ahora que sé lo que alimenta a mi Ser Pensante, elijo ser más consciente a la hora de reconocer lo que me nutre, para crear la costumbre de abastecerme de pensamientos positivos y nutritivos.

SÉ TU PROPIO FARO.
GUÍA TUS BARCOS A PUERTO.

Que no puedas ver tus barcos, no significa que no estén ahí.

Imagina que todo en lo que has enfocado tu atención es un barco en el inmenso océano de tu subconsciente, tanto si se trata de algo que deseas experimentar como si se trata de algo que deseas evitar. Cada barco simboliza un pensamiento que has mantenido activo de forma intensa durante un período de tiempo. Aquello que ilumines encontrará su camino hacia ti.

¿Qué barcos deseas guiar a puerto? Mantén tu atención en aquellos barcos que quieres ver atracar en tu puerto y deja que los demás barcos pasen de largo buscando otros lugares donde amarrar.

Nombra tus barcos y recuerda que puedes tener navegando en alta mar tanto lo que deseas experimentar como lo que deseas evitar. Dale a cada barco un nombre que concuerde con el pensamiento con el que lo has creado. Ese es el tipo de carga que lleva cada barco. ¿Qué barcos tienes navegando en alta mar?

¿Qué creaciones has soltado en el océano de tu subconsciente?

Estos son los barcos que tengo navegando en el océano de mi subconsciente y esta es la carga que llevan:

....

....

....

....

....

....

....

....

....

....

....

....

....

....

....

....

....

....

....

¿Has nombrado todos tus barcos? Perfecto, ahora puedes tomar consciencia de qué barcos atraes hacia tu puerto. ¿Hay barcos que prefieres que pasen de largo? No les prestes tu atención, no los ilumines con tu faro, deja que pasen de largo en la oscuridad. Utiliza la fuerte luz del faro y envíala a aquellos barcos que deseas atraer a tu puerto. Guíalos a salvo para que puedan desembarcar.

Es probable que no puedas guiarlos todos a la vez. Puede que tus barcos estén demasiado esparcidos en la mar o que algunos aún estén demasiado lejos para poder ver la luz del faro. En ese caso, concéntrate primero en aquellos barcos que sean más importantes para ti y atráelos hacia ti. Enfoca la luz y tu pensamiento en ellos.

Una vez que han entrado a puerto y atracado, es hora de volver a iluminar con la luz del faro aquellos barcos que aún están de camino. Elige, enfoca y centra tu atención y energía en aquello que deseas atraer. Averiguar en que habías enfocado tu energía es el primer paso. Ahora puedes escoger activamente en qué enfocar tu energía. Mantén tu enfoque en aquello que deseas experimentar.

Durante los próximos días voy a alumbrar la luz del faro al siguiente barco:_____.

Durante estos días, dedicaré un tiempo cada día para visualizar cómo mi barco llega a puerto y descarga su carga.

Puedes utilizar la visualización guiada, tu fantasía o inventar tu propia manera para crear la sensación de que este deseo te llega y que obtienes lo que deseas. Se trata de que enfoques tus pensamientos y seas capaz de sentir cómo obtienes tu deseo.

Esto es lo que he experimentado tras haber enfocado mi atención y energía durante estos días en el barco que quería guiar a puerto:

SÉ TU PROPIO ALQUIMISTA.
CONVIERTE PIEDRAS EN ORO.

Crea aquello que deseas ser, vivir y tener.

Toma ciertas acciones específicas y concretas.

¿Suena raro e irreal? ¿Sientes rechazo tras leer estas frases? O, por el contrario, ¿estás receptivo para saber de qué se trata y sientes incluso cierto entusiasmo al pensar que tú mismo puedes crear lo que desees? Veamos primero hasta qué punto estás dispuesto a trabajar con la Alquimia.

Supón que creas tus experiencias al haber dedicado tu atención de forma concreta durante un tiempo. Piensas en cierto resultado y ese resultado lo mantienes enfocado durante el tiempo necesario hasta que puedas sentirlo como algo real. Sientes como si el resultado deseado ya existiera y lo disfrutas como si lo estuvieras viviendo. Después, lo sueltas y vuelves a ocupar tu tiempo en otras cosas. Repites la experiencia durante varios días hasta que un día te das cuenta de que lo que tanto deseabas se manifiesta en el mundo material. ¿Te ha pasado alguna vez?

¿Y si no sólo ocurre con los deseos que queremos obtener, sino que también se pueden crear los resultados que justamente preferimos evitar? ¿Qué pasaría si aquello en lo que enfocas tu atención de forma repetitiva y con todo tu sentimiento se convierte en tu realidad? ¿Sería útil saber cómo utilizar la alquimia de forma consciente y atraer aquello que quieres? ¿Enriquecería tu vida poder crear los resultados que deseas? ¿No sería maravilloso poder ser el alquimista de tu propia vida?

Reflexiona por un momento y averigua qué experiencia tienes ya como alquimista. ¿Qué has creado consciente o inconscientemente al haber dedicado tu atención sobre un resultado de forma intensa y repetitiva? Cuando pensabas en dicho resultado podías sentirlo antes de que se hiciese físico. Puede que estuvieras locamente enamorado de una persona y que en tu imaginación ya sentías cómo sería ese primer beso, esos primeros momentos juntos. Las sensaciones en tu cuerpo eran tan reales que podías sentirlo con toda intensidad. Aún sin saber si esa persona sentía algo por ti, soñabas despierto y disfrutabas de los encuentros en fantasía. Ese disfrute se convirtió en total felicidad al descubrir que ese sentimiento resultaba ser mutuo y que podrías vivir lo que tú ya habías soñado.

Y qué me dices de aquello que querías evitar. Piensa en las veces que te preocupabas por algo y no podías deshacerte de esos pensamientos; la sensación era tan real que no te extrañaba cuando la causa de tu preocupación se manifestaba en la vida real.

Utiliza las siguientes páginas de tu Diario de Viaje para reunir pruebas de la Alquimia en tu vida. Al reunir pruebas de cómo lo que has pensado y sentido con cierta intensidad se ha convertido en realidad, podrás empezar a creer en tu propia capacidad de crear, tu propia creatividad. Cuando crees en algo, se convierte en una convicción, y una convicción nos mueve a actuar de forma consistente. Así es que, si te interesa la alquimia y tu propio poder creativo, reúne todas las pruebas que tengas y sigue acumulando aquellas que te ayuden a seguir creando.

Tú decides si aplicas la Alquimia de forma consciente y activa en tu vida.

Estas experiencias las he creado a través de la Alquimia, al haberlas pensado y vivido en pensamiento como si fueran reales antes de que se manifestarán:

¿Estás preparado para ser tu propio alquimista? ¡Manos a la obra!

Piensa claramente en un resultado que deseas crear.

Puedes comenzar con un objetivo que te resulte factible obtener, por el que no sientas demasiada resistencia. Este es el resultado que voy a crear:

_____

_____

¿El resultado que persigo concuerda con mis valores personales? Si tu respuesta es NO, el resultado deseado no está en armonía con tus valores personales y puedes toparte con bastante resistencia al trabajar con la Alquimia para crear este resultado deseado. Adapta el resultado para que armonice con tus valores más elevados.

¿QUÉ ME DIGO A MÍ MISMO?

¿Está despejado el camino para alcanzar el resultado o estoy bloqueando mi propio camino? Lee el texto que has escrito en voz alta sobre aquello que deseas crear y observa tu reflejo en el espejo.

¿Qué ves, qué sientes, qué piensas? Observa tu postura, tu mímica, tu respiración y escucha tu diálogo interno. ¿Qué te dices a ti mismo con respecto al resultado que deseas crear? Si notas resistencia, replantéate el resultado que deseas crear. Es posible que te hayas topado con una fuerte creencia debilitante que no pueda aceptar que el resultado sea alcanzable. Conviene ver si el resultado deseado puede ser adaptado para evitar esa resistencia. Puede ser que al fraccionar el resultado en partes más pequeñas te permita comenzar creando una parte del deseo. Busca la parte que no proporcione resistencia para que puedas pasar a la acción y experimentar lo que la Alquimia puede hacer por ti.

El trabajo preliminar ya está hecho; todos los ingredientes de la fórmula están listos. La fórmula en sí es muy sencilla. El truco está en saber combinar los ingredientes adecuados que concuerden con tus valores personales y sean respaldados por tu diálogo interno.

LA FÓRMULA: *ESCENA FINAL + EMOCIÓN REAL*

Cada noche durante un determinado período de tiempo, antes de que te quedes dormido, verás con tu imaginación el resultado deseado como si estuvieras soñando despierto. Te acuestas y te aseguras de que tu cuerpo esté confortable y que tu mente se relaje. Deja que tenga la libertad para viajar. Es esencial elegir el momento exacto de tu deseo.

¿Qué pasaría justo después de que aquello que tanto deseas se hiciera realidad? ¿Qué es lo que verías? ¿Con quién estarías, qué harías y que sentirías? ¿Cómo reaccionarías? Transforma estas respuestas en imágenes, como si estuvieras viendo la escena en vivo y en directo. Utiliza tu imaginación. Las imágenes que ves y lo que sientes son lo que pasaría justo después de cumplirse tu deseo. Asegúrate de ser el personaje principal en esa escena para tener fácil acceso a tus emociones. Disfrútalo como lo harías si lo estuvieras viviendo en la realidad. Ese es el ingrediente secreto que pone en funcionamiento el proceso alquímico: el sentir que tu deseo ya es realidad.

El número de noches que se necesitan para crear el resultado deseado varía. Activa la fórmula cada noche, vive la escena deseada, disfrútalo con toda intensidad y llegará el día en que ya no podrás acceder a la escena. En ese momento sabrás que tu trabajo ya está hecho y lo podrás soltar.

Ingrediente extra: a veces es difícil entrar en el estado de ánimo necesario para poder imaginar la escena deseada. Cosas vividas durante el día nos pueden preocupar la mente, alejándonos de nuestro proyecto de creación. Lo que puedes hacer para acceder de forma más fácil y directa a tu escena es sonreír. Una gran sonrisa de oreja a oreja, durante el tiempo que sea necesario, para crear un cambio en tu estado anímico. Deja que tu cerebro procese esa sonrisa y cambie tu estado.

Cuando ya comiences a sentir alegría anticipada, o cuando se acerque la hora de irte a dormir y casi no puedas esperar a activar tu escena deseada, son señales que indican que vas por buen camino y que el proceso de alquimia está en pleno funcionamiento. ¡Sigue disfrutando intensamente de la escena hasta que llegue el día en el que esta desaparezca y tu trabajo esté hecho!

SÉ TU PROPIO SABIO.
HONRA TU PROPIA SABIDURÍA.

Cuando ya no vemos el camino a seguir y donde miremos aparecen obstáculos; cuando el tiempo parece ir en nuestra contra y nos sentimos perdidos, tendemos a buscar las respuestas fuera de nosotros. Esperamos que otros puedan decirnos lo que debemos hacer y que puedan mostrarnos el camino a seguir. ¿Pero cómo puede otro saber lo que realmente es bueno para ti?

"No ves las cosas como son,
ves las cosas como tú eres"

Por supuesto que podemos obtener información útil a través de otras personas y aprovechar su sabiduría; sin embargo, estos consejos estarán filtrados por sus propias experiencias, creencias y sentimientos. Para que la información de afuera realmente te sea útil, asegúrate de pasarla primero por el filtro de tu propia sabiduría; digamos, de tu Sabio Interior, para así decidir si los consejos y la información que se te ofrecen resultan válidos para ti.

Al conectar con tu Sabio Interior podrás acceder a la valiosa información que tienes a tu disposición en cualquier momento de tu viaje y en cualquier situación. Puedes darle voz para captar los mensajes de tu propia sabiduría. Una posibilidad es utilizar la escritura automática para traspasar la maraña de pensamientos. Anota una pregunta o duda concreta y acto seguido anota cada pensamiento que te venga a la mente sin dejar de escribir.

Anotando todo lo que la mente te ofrece, por disparatado que pueda parecer, con la pregunta en mente, entrarás en un estado semihipnótico que te permitirá acceder a tu propio conocimiento, tus creencias y tus emociones, llegando a la fuente de tu propio saber.

¿Quieres aplicar la escritura automática y descubrir lo que puede aportarte? Activa tu Sabio Interior si tienes una pregunta, un problema o sientas que no avanzas. Medita primero sobre la pregunta que deseas ver contestada y piensa cómo quieres formularla. Permite que los pensamientos que puedan aclarar la situación salgan a flote. Formula la pregunta de forma concisa y anótala en el papel. Tras haber escrito la pregunta comienza a anotar todos los pensamientos que se te ofrecen. Plasma todo lo que se te ocurra sobre el papel para no interrumpir la corriente de pensamientos y poder llegar a las respuestas.

Recomendación de Viaje: usa tu Diario de Viaje y expón la duda o pregunta que deseas ver aclarada. Tras haber plasmado todos los pensamientos que han surgido mediante la escritura automática, lees todo aquello que has escrito para poder descifrar el mensaje de tu Sabio Interior.

La escritura automática solo es una de las muchas maneras de expresar la sabiduría que cada uno de nosotros poseemos, hay muchas más. Puedes utilizar tu creatividad encontrando la forma que mejor concuerde con tu forma de ser.

Mis experiencias consultando a mi Sabio Interior:

CELEBRA TU VIDA.
¡DISFRUTA DEL CAMINO!

¿Cómo celebras tu vida? ¿Cómo te aseguras de crear en cada etapa de tu vida suficientes recuerdos que te estimulan, alimentan y llenan de amor y alegría? ¿Cómo vives el viaje hacia tu Destino Ideal?

¿Es posible que no te centres en ciertos asuntos pensando que ya tendrás tiempo más adelante? ¿Es posible que no hagas ciertas cosas o que las pospongas pensando que este no es el momento adecuado o que ahora no te lo puedes permitir?

¿Y si la vida aumenta en belleza, abundancia y amor al saber celebrarla? Supón que celebrar la vida sea un arte en sí. Algo en lo que podemos ser cada vez más competentes a medida que lo practicamos. Cuanto más lo apliques, más podrás celebrar y disfrutar de tu vida.

¿Cómo afectaría esto al viaje de tu vida?

> *"Cuanto más agradezcas y disfrutes tu vida, tanto más habrá en tu vida para agradecer y celebrar"*
>
> —Oprah Winfrey

¿Cómo puedes celebrar que has llegado a tu Destino Ideal o disfrutar de que estés ahí si durante el camino no has experimentado ni sentido lo que significa disfrutar ni celebrar?

No celebres solo los grandes logros, celebra todos aquellos pequeños pasos que te llevan a cada uno de esos logros. Disfruta de las personas que te acompañan durante los distintos tramos de tu viaje. Estas personas pueden decidir zarpar hacia otro rumbo o pueden llegar al final de su propio viaje. ¿Te gustaría haber podido disfrutar más de los momentos juntos y haber celebrado juntos todos esos pequeños regalos que os dio la vida? ¿Te hubiera gustado vivir esa relación de forma más consciente creando un sinfín de bellos recuerdos que poder revivir en gratitud?

¡Concédete a ti mismo el regalo de celebrar tu vida! Procura disfrutar de todo lo que la vida te pueda ofrecer. Practica el ser feliz y atrae más momentos de felicidad hacia ti. ¿Qué cosas te gustaría experimentar y vivir? ¿Qué es lo que realmente te haría disfrutar? ¿Qué quieres haber hecho y sentido antes de que este viaje de vida llegue a su fin?

Estas son las experiencias que deseo vivir durante mi vida. Estas son mis experiencias deseadas:

Estas son las experiencias que deseo vivir durante mi vida. Éstas son mis experiencias deseadas:

En cualquier momento de tu viaje puedes añadir nuevas experiencias deseadas. A la experiencia deseada que ya hayas vivido puedes marcarla como conseguida. Invierte dinero, tiempo y energía en ti mismo para que puedas celebrar tu vida. ¿No es eso exactamente lo que harías una vez que has llegado a tu Destino Ideal? ¡Hazlo ahora! Vive esas experiencias deseadas ahora y haz más accesible el camino hacia tu destino.

Probablemente habrá cosas que harás una vez llegado a tu destino. Pero la mayoría son justamente las experiencias que ahora podemos vivir y sentir para facilitar el camino hacia ese Destino Ideal. Haz de tu viaje un viaje de placer. No pospongas tus experiencias deseadas. Toma las acciones necesarias para poder experimentarlas ya. ¿Qué pasaría si al disfrutar mucho más del viaje hacia nuestro destino no solo aceleráramos el viaje, sino que también alcanzáramos un destino aún más grande y perfecto? Si eso fuera así, ¿estarías dispuesto a disfrutar del viaje?

Aprovecha las siguientes páginas y llénalas con "huellas de tus deseos", de todos esos momentos en los que has disfrutado de tu vida. Mira tu lista de deseos; elige con qué experiencia deseada quieres empezar. Da los pasos necesarios para poder realizar la experiencia deseada. Cuando vivas esa experiencia deseada asegúrate de plasmarla de alguna forma, creando una huella del deseo. Pueden ser fotos, tickets, videos, texto escrito de las personas con la que has vivido el deseo y mucho más. Sea como sea, encuentra formas de crear una huella de los deseos que ya has vivido.

Asegúrate de que cuando por fin estés viviendo todas esas experiencias deseadas, ¡disfrutes del momento! Crea huellas de los deseos cumplidos para poder recordarlos y revivirlos. ¡Celebra tu vida!

Las huellas de mis deseos cumplidos

Las huellas de mis deseos cumplidos

SÉ TU PROPIO ADIVINO.
ADIVINA TU PORVENIR.

Cuando nos sentimos perdidos y no vemos salida, resulta tentador creer que no somos dueños de nuestras vidas y que dependemos de los caprichos del destino. En momentos de incertidumbre e inseguridad, podemos sentir la necesidad de buscar a personas que creemos que entienden el destino y esperamos que incluso puedan influir o alterar el porvenir. Puede que busquemos sistemas que nos ayuden a adivinar lo que nos depara el futuro y, preferiblemente, nos deje ajustarlo a nuestras necesidades y deseos. Igual pensamos que una pitonisa nos puede decir lo que va a ocurrir, que un clarividente pueda ver lo que nos espera; o nos apoyamos en los horóscopos buscando consuelo y consejos para salir de esa sensación de pérdida y vacío.

Pero ¿y si el mejor adivino para predecir tu futuro eres tú mismo? ¿Te atreverías a aplicar tu intuición y conocimiento para predecir tu destino? ¿Asumirías tu propia responsabilidad en vez de dejarlo en manos ajenas?

Cuando quieras saber lo que te depara el futuro y quieras predecir cómo serán las distintas etapas de tu viaje, decídete a ser tu propio adivino y predice tu futuro. ¿Quieres probar cómo funciona?

¡Estupendo! Contesta las preguntas y completa las siguientes frases:

¿Qué pienso, hago y siento en este tramo de mi viaje de la vida? Toma consciencia de lo que en estos momentos crees, sientes y haces.

Ahora supón que sigues pensando, haciendo y sintiendo lo que ahora haces y que no cambias nada. ¿Cómo sería tu futuro?

Así sería mi futuro si sigo pensando, haciendo y sintiendo lo que ahora pienso, hago y siento:

Si hubiera cosas que ahora piensas, haces o sientes que te gustaría que fuesen diferentes, ¿cuáles serían?

Me gustaría poder cambiar lo siguiente en cuanto a lo que pienso:

Y me gustaría cambiar lo que siento en estos aspectos:

Si cambio lo que pienso y lo que siento, entonces lo que haría distinto sería lo siguiente:

Vuelve a leer todos los cambios que has descrito que te gustaría llevar a cabo. Ahora, utiliza tu fantasía e imagina por unos instantes que todos esos cambios ya se han realizado y medítalo durante un momento. ¡Todo lo que querías ver cambiado ya está hecho! Has cambiado cosas en tu forma de pensar, de sentir y de actuar. Con estos nuevos cambios en mente, ¿cómo sería tu futuro? Tras los cambios realizados, así es como sería mi futuro:

Compara las dos versiones, la actual y la versión tras los cambios que deseas ver realizados. ¿Qué versión prefieres que se cumpla? ¿Qué futuro te gustaría poder vivir? ¿Hay pensamientos, sentimientos y comportamientos que merecen la pena ser cambiados si con eso puedes obtener otra experiencia futura?

CREA TU PROPIO FUTURO CAMBIANDO LO QUE NECESITAS CAMBIAR AHORA

¿Tienes claro qué cambios quieres llevar a cabo, aunque aún no sepas cómo hacerlos realidad? Si lo tienes claro, ya has dado un gran paso hacia la versión del futuro que deseas vivir; ya solo se trata de que encuentres la manera de crearlo. Si además de tener claro lo que deseas cambiar también sabes cómo hacerlo. ¡Enhorabuena! ¡Vaya salto hacia un futuro mejor!

Actúa y pon en marcha los procesos necesarios para cambiar lo que piensas, sientes y haces y crea el futuro que deseas. ¡Pasa a la acción! Por todos aquellos pequeños pasos hacia delante que des hoy, recibirás grandes ventajas cuando se acerque el momento de poder tocar ese futuro soñado. El tiempo pasa de todas formas, tanto si decides pasar a la acción como si eliges quedarte como estás. El tiempo pasa, el futuro llega. La pregunta es ¿qué futuro decides crear hoy para poder vivirlo mañana?

Decide qué aspectos en tus pensamientos, sentimientos y acciones deseas cambiar para poder obtener el futuro que anhelas vivir. Proponte un objetivo. Puedes utilizar la petición de visado. Una petición de visado es como un contrato que firmas contigo mismo. En él expones lo que vas a hacer y durante cuánto tiempo te comprometes a hacerlo para poder llevar a cabo el cambio deseado.

Al firmar el contrato te comprometes a que no omitirás ningún día para llevar a cabo la acción elegida.

Si te saltas un solo día, el contrato sería nulo y tendrías que rellenar una nueva solicitud de visado. El visado se obtiene solo cuando cumplas las tareas que tú mismo te has propuesto llevar a cabo. Las peticiones de visado se encuentran al final de este libro.

Adelante, pon en marcha esos cambios para que puedas vivir el futuro que deseas. ¡Puedes hacerlo! La persona más capacitada para cambiar tu futuro eres TÚ, y el momento más adecuado para crear ese futuro es AHORA.

AGRADECE TUS BENDICIONES. ¿POR CUÁNTAS COSAS PUEDES ESTAR AGRADECIDO?

Contemplando el viaje de tu vida, seguramente existan muchas circunstancias, personas y cosas por las que estás agradecido; aun así, no todos practicamos el arte de la gratitud.

Todas las bendiciones que has recibido a lo largo de tu camino funcionan como potentes imanes cuando los activas para atraer hacia ti nuevas bendiciones por las cuales estar agradecido.

Puedes reactivar las bendiciones obtenidas al recordarlas en gratitud.

¿Quieres aumentar el número de bendiciones en tu vida? Entonces, decide honrar todo lo que ya has recibido hasta el momento. Sé consciente de todos los regalos que has obtenido durante tu vida, revívelos y agradece haberlos conseguido. Al hacerlo, cambias tu estado y enfocas tus pensamientos en las cosas que te han llenado y reforzado; esto a su vez influirá en tu forma de actuar. ¡Cambiar es crecer, y crecer es vivir! Vive en gratitud y recibirás muchas más bendiciones.

"Agradece lo que tienes: recibirás más"

—Oprah Winfrey

Estas son las bendiciones que he recibido a lo largo de mi camino:

Estas son las bendiciones que he recibido a lo largo de mi camino:

Puedes activar el poder de la gratitud al practicarlo a diario. Invéntate un ritual con el que puedas reactivar y agradecer tus bendiciones. Puedes optar por una meditación de gratitud o puedes elegir cualquier acto creativo que te permita expresar tu gratitud recordando y reviviendo lo que ya has obtenido. No importa la forma que elijas, se trata de que encuentres una manera en la que puedas sentir gratitud real por todo lo bueno, bello y valioso en tu vida.

Si lo deseas, puedes escribir las bendiciones y experimentar lo que pueden traerte en tu viaje de camino hacia tu Destino Ideal. Prueba estar agradecido cada día por tres cosas nuevas. Ayuda a tu mente a encontrar cada día tres nuevas cosas por las que estar agradecido. Hazlo durante al menos tres semanas y déjate sorprender por cómo algo tan sencillo influirá tu vida.

SIGUE SUS PASOS.
APROVECHA LOS CAMINOS QUE YA HAN SIDO UTILIZADOS.

Un camino se hace al andar. ¿Pero y si otros ya han alisado el terreno? Personas que han tenido los mismos objetivos que tú tienes actualmente escogieron su ruta e hicieron su camino al andar.

¿Preferirías hacer tu propio camino o te gustaría aprovechar los senderos que han surgido gracias a las huellas de aquellos que anduvieron por él antes que tú?

Piensa en los objetivos que tienes. Puedes volver a leer lo que has escrito en tu proyecto de viaje de 1 y 3 años. Acto seguido, elige un objetivo. Investiga quién o quiénes conoces que han utilizado este sendero para conseguir sus metas. Estudia el camino. Cómo descubrieron ese camino y qué hicieron para poder seguirlo. Qué es lo que han dejado de lado para poder seguir ese camino hasta alcanzar sus objetivos. Qué puedes aprender de ellos. Qué elecciones y decisiones tomadas por ellos podrían ser útiles para ti y cuáles estarías dispuesto a aplicar en tu propio viaje. ¿Qué tramos del camino hacia tu Destino Ideal ya han sido creados? Averigua lo que puedas aprender de los viajeros que ya han llegado a su destino y decide si lo puedes aprovechar en tu ruta.

"Utiliza tu tiempo para mejorarte mediante el trabajo de otros,
para que puedas obtener con facilidad
lo que otros han trabajado duro para conseguir"

—Sócrates

Estas personas ya han alcanzado la meta que yo ahora me propongo:

....

....

....

....

....

....

....

....

....

....

....

Esto es lo que he podido averiguar, esto es lo que sé sobre cómo han encontrado el camino y qué han hecho o dejado de hacer para alcanzar sus objetivos:

....

....

....

....

....

....

....

....

....

....

....

....

....

....

De todo lo que he descubierto, esto es lo que puedo aprovechar, aplicándolo de la siguiente manera:

....

....

....

....

....

....

....

....

....

....

....

....

....

....

....

....

....

....

....

....

....

....

....

....

....

ESCRIBE TU PROPIO LIBRO DE PROVERBIOS. RECONOCE EL LEMA DE TU VIDA.

Activa tu propia fuerza y talento aplicando poderosos proverbios. Este tipo de frases están llenas de sentido y deben vibrar al compás de tu alma para poder utilizarlos como poderoso medio de autosugestión. Puedes usar frases ajenas, siempre y cuando al leerlas las sientas como tuyas y desaten algo dentro de ti. También puedes optar por crear tus propios proverbios y desencadenar la inmensa fuerza creativa que vive dentro de ti.

Utilizando proverbios puedes generar corrientes energéticas que estimulen el progreso y con el tiempo suplanten los antiguos mensajes que pueden estar frenando tu avance. Aplicando los proverbios de forma consciente y con frecuencia, hasta que se conviertan en un automatismo y puedan sustituir esos mensajes limitantes anticuados.

Cuando encuentres o te inventes un proverbio que te estimule, lo repites con frecuencia, de este modo lo activas hasta que cobra sentido para ti. Al ver o pensar en tu proverbio y notar que resuena como tu verdad, sabrás que lo has interiorizado y que pronto pasará a ser parte de tu diálogo interior. Será el lema de tu vida en ese momento. Usa tu creatividad para adaptar proverbios existentes a tus propias necesidades o invéntatelos totalmente.

Llena tu libro de proverbios con todas esas frases que te ayudan a crecer, avanzar y soñar tus sueños más grandes. Repítelos conscientemente de la manera que te parezca apropiada. Si al usar un proverbio notas resistencia, porque lo que dices aún no resuena con tu realidad actual, puedes optar por adaptar la expresión a una versión más aceptable en esos instantes. Cuando esa nueva versión sea creíble, podrás expandirla y agrandarla a la versión que te lleve a tu máximo potencial.

Recomendación de Viaje: puedes optar por escribir el proverbio que deseas interiorizar en un sitio visible o llevarlo en tu cartera para poder verlo con frecuencia. Quizás prefieras escribirlo como mensaje en tu móvil, tablet u ordenador para poder verlo cada vez que manejes esos aparatos electrónicos. Puede que prefieras escribir el proverbio cada día en tu diario. Hay un sin fin de posibilidades. Elige la que mejor concuerde y se adapte a tu forma de ser.

Mis proverbios

Mis proverbios

PON EN MARCHA TU PLAN DE VIAJE.

Coge tu plan de viaje para el primer año y revísalo. ¿Has anotado todo, todo lo que puedes hacer en este primer año de viaje para acercarte a tu Destino Ideal?

Anota los pasos que puedes dar y aprovecha cada día de este primer año de viaje para acercarte a tu ideal. Mantente en movimiento y aprovecha el empuje para seguir avanzando. Si al ocuparte de tus sueños y deseos sientes la adrenalina recorriendo tu cuerpo, aprovecha esa descarga energética para mantenerte activo.

Lo que destruye los sueños es la pasividad, no los pasos mal dados. La pasividad te mantendrá exactamente en el mismo sitio donde ahora estás, sin crecer, sin expandirte, sin avanzar. Un paso equivocado, en el peor de los casos puede retrasar el viaje y, en el mejor, te proporcionará información valiosa que te dejará dar el siguiente paso con más fuerza y certeza. ¡Así que mantente en marcha, tus sueños te esperan!

Recomendación de Viaje: ¿quieres volar? Asegúrate de dar un inmenso salto hacia delante. ¿Cómo? Atreviéndote a hacer algo que realmente deseas, pero que piensas que aún no estás listo para hacer. Hazlo de todos modos y acelera tu viaje. ¡Comienza y lo conseguirás!

En los días que te sientas pasivo aprovecha tu tiempo para reunir valiosa información. Lee libros o artículos; encuentra información online que te ayude a avanzar; estudia a aquellos que han alcanzado las metas que tú te propones en este primer año de viaje hacia tu Destino Ideal.

Habrá días en los que te resulte imposible dar el siguiente paso o no te sientas capaz de reunir información. Quizás tengas la sensación de que necesitas descansar, recargar antes de poder seguir. Asegúrate de tomar un descanso y de que descanses de verdad. Haz aquello que te relaje y realmente te guste hacer. Descansa y llena tu día con aquello que te haga sentir feliz. Disfruta de esta pausa en el camino y ofréceles a tu cuerpo y a tu mente la posibilidad de recargar fuerzas. Si te ocupas de tu mente y cuerpo y les ofreces el descanso que te piden, les ayudarás a reforzarse y generar el estado óptimo para la asimilación de todo lo que has estado haciendo hasta el momento. Un descanso bien aprovechado es la mejor forma de poder asimilar todos los cambios ocurridos y crear el estado adecuado para generar nuevos cambios de ahora en adelante.

Utiliza tu conocimiento y tus habilidades para vivir la vida que realmente deseas vivir. Asegúrate de disfrutar de tu vida en tu día a día y agradece la ayuda que se te ofrece a lo largo de tu camino.

"No se puede obtener nada realmente valioso
si no es con la cooperación desinteresada
de muchos individuos"

—Albert Einstein

Capítulo 8

AYUDA POR EL CAMINO

No hace falta que hagas este viaje solo; es más, en realidad nunca viajas solo, aunque en ocasiones te lo pueda parecer. Los senderos que elijas y las decisiones que tomes influyen en tus compañeros de viaje. Os podéis ayudar compartiendo parte de vuestro viaje; compartiendo vuestras experiencias y conocimiento; apoyándoos mutuamente con vuestra fuerza y habilidades; explorando nuevos caminos; extendiéndoles la mano a los que se quedan atrás; compartiendo las soluciones que os han funcionado y dejando partir a quienes eligen tomar otras rutas. Cuando elijas aprovechar de manera activa la ayuda que se te ofrece por el camino puedes recurrir a tu Alianza de Viajeros, a tu Consejero de Viaje y a tus Mayores.

ALIANZA DE VIAJEROS:

Elige un grupo selecto de viajeros para compartir este tramo de tu viaje, personas que pueden apoyar y ayudarte a preparar la ruta hacia tu destino deseado. Que te respaldarán cuando tomes tus decisiones y marches hacia delante, que estarán a tu lado cuando necesites consejo y compañía. Que te ayudarán a levantarte después de una caída y a afrontar los obstáculos en el camino. Te alentarán a seguir avanzando cuando te invadan las dudas o te paralice el miedo y te ayudarán a mantener tu rumbo. Celebrarán contigo cada triunfo grande y pequeño. Estas alianzas idealmente constan de unas 3 a 7 personas. La composición del grupo puede cambiar, es parte del proceso natural de la Alianza de Viajeros. Durante el viaje se ofrecen distintas rutas que tomar, por lo que puede haber una separación al elegir distintos caminos. Puede que os volváis a encontrar más adelante; mientras tanto, te encontrarás con nuevos viajeros afines que pueden asumir a su manera las tareas de un aliado.

LA ALIANZA ABIERTA:

Comenta y acuerda qué es lo que os podéis ofrecer y cómo queréis darle forma. Podéis reuniros regularmente, acordar un día fijo. Puede que decidáis comenzar a usar vuestras guías de viaje a la vez para ir avanzando al compás. Podéis ayudaros a que cada uno cumpla sus objetivos y dé los pasos necesarios. Podéis utilizar las hojas de grupo para anotar los avances y plasmar los acuerdos y objetivos que cada uno se propone cumplir. Y por supuesto, podéis celebrar juntos cualquier logro obtenido, cualquier meta cumplida y divertiros juntos.

LA ALIANZA SECRETA:

Si optas por formar una alianza secreta es porque deseas el apoyo de ciertas personas, pero sin que sepan que te has embarcado en este viaje hacia tu Destino Ideal, por lo que formas una alianza secreta con personas que te pueden apoyar en este momento de tu vida. Compartes con ellos tus dudas, deseos, miedos, ilusiones, planes y situaciones que deseas cambiar. Les haces partícipes de este tramo del viaje pidiendo su apoyo, consejo y compañía, así como tú les ofreces la tuya. Puedes optar por usar los formularios de grupo tras haber estado con una o varias personas de tu alianza secreta, anotando la información importante que ha surgido durante vuestra conversación, para así ir acumulando y aprovechando todos esos valiosos detalles.

CONSEJERO DE VIAJE:

Tu Consejero de Viaje puede ser un consejero profesional, un coach, un psicólogo, un asistente social u otro profesional al que le puedas plantear tus dudas existenciales. Os planteáis preguntas como: ¿por qué omites hacer ciertas cosas?, ¿por qué repites otras que no te llevan a los resultados deseados?, ¿qué es lo que te frena y qué te refuerza?, ¿qué es lo que ayuda a ponerte en movimiento y qué te mantiene en acción?.

No hace falta que sea un profesional, puede ser una persona con la que te sientas muy seguro y cómodo. Escoge a una persona que quiera lo mejor para ti sin imponerte sus deseos ni condiciones; que te ayude a encontrar tu camino hacia tu ideal y te permita tomar tus propias decisiones. Alguien que ya haya alcanzado su Destino Ideal puede ser un gran Consejero de Viaje. Ya que posee una inmensa experiencia de viaje y el enorme deseo de extender su mano para ayudar a otros a alcanzar sus ideales. Ha aprendido cómo convertir un sueño en una realidad palpable. Ha averiguado lo que le refuerza, lo que le sirve y lo que no, y ha experimentado que cuanto más da, más recibe. Le encanta motivar e inspirar a otros viajeros para que también alcancen su máximo potencial.

Personas que aún están de camino hacia su destino deseado también pueden ser buenos Consejeros de Viaje al estar comprometidos a alcanzar su propio ideal; sobre todo, en los momentos que avanzan pueden con su entusiasmo formar el viento debajo de nuestras alas y llevarnos a nuevas alturas. Su entusiasmo es contagioso y nos invitan a soñar a lo grande.

Incluso personas que están buscando su camino sin tener claro qué ruta seguir ni qué objetivos alcanzar pueden ser útiles consejeros, siempre y cuando sepan darnos la confianza de que todo es posible y de que somos capaces de conseguir lo que nos propongamos.

Cuando hayas elegido a tu Consejero de Viaje puedes comentarle tus planes y pedirle ayuda, involucrándole en la búsqueda de tu ideal. Explícale lo que esperas de un consejero y averigua si está dispuesto a asumir ese papel. Podéis acordar claramente lo que esperáis el uno del otro y cómo queréis dar forma a este acuerdo.

Puedes utilizar las hojas de coaching para documentar vuestras reuniones y anotar los objetivos y avances durante el proceso. Por supuesto, está la opción de tener un consejero secreto. Sin que le comentes el papel que le has otorgado, puedes elegir una persona que te motive y te inspire a crecer. Aprovecha conversaciones que tengas con esta persona y rellena una hoja de coaching para reflejar la información relevante.

LOS MAYORES:

Ahí donde vive la experiencia se encuentran los grandes tesoros de conocimiento. Con cada fase de vida te encontrarás con nuevas posibilidades, decisiones y prioridades. Cuando somos jóvenes experimentamos el mundo y nuestro futuro de manera diferente; vemos un mar de posibilidades, estamos convencidos de tener todo el tiempo del mundo a nuestra disposición. Queremos avanzar deprisa, queremos acción, velocidad. Estamos en movimiento y nos sentimos imparables. Creemos saber lo que queremos y vamos a por ello. Al llegar a la fase de adulto y habiendo hecho las cosas que nos propusimos como jóvenes o habiendo fallado en alcanzarlas, tendemos a pasar a la introspección. Dispuestos a aminorar la velocidad de nuestro viaje, preparados para descansar y analizar el camino recorrido antes de continuar.

Podemos empezar a dudar de las rutas seguidas y las decisiones tomadas.

Puede que busquemos nuevas rutas, nuevas posibilidades, otras salidas. Somos más conscientes de que no viajamos solos y de que hay viajeros que dependen de nosotros. Aún hay tiempo, suficiente tiempo; por lo menos es lo que creemos, esperamos que así sea. Cogemos aliento y seguimos hacia delante, siempre adelante hasta el final de nuestro viaje.

Y ahí están los años dorados de nuestra vida, hemos llegado sin darnos cuenta. El tiempo parece traicionero. ¿Cómo hemos podido llegar tan deprisa? Parece que fue tan solo ayer que empezamos este viaje. Estamos más cerca del final de nuestro camino que del comienzo.

Es la fase perfecta para revivir todas las experiencias vividas, todos los recuerdos creados. Somos conscientes de que formamos parte de una totalidad que va más allá de nuestra familia y nuestro entorno. Somos parte de un grupo más grande; sabemos que todo lo que hacemos resuena en la totalidad que nos rodea. Entendemos que existen más cosas en común que diferencias.

Sentimos que podemos significar muchísimo para otros si estuvieran dispuestos a escuchar nuestras historias, si nos dejaran compartir con ellos nuestro camino para ofrecerles la valiosa información que hemos recaudado a lo largo de nuestro viaje. Cuando los jóvenes nos involucran en sus vidas reflorecemos y nos volvemos a sentir vitales, nuestro fuego vuelve a revivir en los recuerdos y experiencias que queremos compartir, historias que desean ser contadas y que nacieron para ser escuchadas, que desean expandirse para poder alimentar a las nuevas generaciones.

¿Qué mayores forman parte de tu vida? ¿Aún hay mayores en tu familia a los que puedas recurrir? ¿En tu entorno social hay mayores con historias que contar? Honra a tus mayores y podrás obtener los consejos más valiosos de aquellos que ya han vivido toda una vida.

GUÍA DE VIAJE: LA SABIDURÍA DE LOS MAYORES

Aprovecha las lecciones de vida que los mayores te pueden ofrecer mientras aún estén a tu alcance. Visita a tus mayores y plantéales alguna de las preguntas existenciales o dudas que puedas tener en este momento. Pídeles que compartan contigo sus experiencias y el conocimiento adquirido a lo largo de su camino. Registra todo este conocimiento y obtendrás mayor conciencia. Además, captarás un recuerdo de tus mayores con el que les honrarás al guardar sus historias, al aprender de ellas y pasarlas a las siguientes generaciones. Agradece su contribución en tu vida.

La gratitud se puede expresar de muchas maneras. Honra su sabiduría al llevarles algo en gratitud en cada visita; puede ser tan simple como expresarles tu amor y cariño. Llévales algo que les guste, desde un abrazo, una bella flor, un delicioso tentempié o un dulce. Descubre lo que les llena de ilusión y vida y ofréceselo a cambio de los tesoros que te regalan mediante su experiencia y sus valiosas lecciones de vida, lecciones que tan solo te pueden dar aquellos que ya han vivido toda una vida.

"Para conocer el camino por delante,
pregunta a aquellos que vienen de vuelta"

—Proverbio chino

Estos son los mayores en mi vida de los que podría recibir importantes lecciones de vida:

Estas son las experiencias que tengo honrando a los Mayores en mi vida:

EL USO DE LAS HOJAS DE COACHING

Al comienzo de cada conversación rellena la fecha y el nombre de tu Consejero de Viaje, ya que a lo largo de tu viaje puedes cambiar de consejero, y así constará con quién has avanzado en los distintos tramos del camino. Comparte tu objetivo para esta sesión y deja que tu consejero te ayude a alcanzarlo. Antes de terminar la reunión acordareis qué tres acciones vas a tomar los próximos días para poder alcanzar el objetivo propuesto. Tú formulas los tres puntos con tus propias palabras y los anotas en tu hoja de coaching. Ambos firmáis la hoja confirmando los pasos a seguir. Acordáis una fecha para vuestra próxima reunión, teniendo en cuenta el tiempo necesario para poder cumplir los objetivos que te has propuesto. El Consejero de Viaje en la siguiente reunión repasará cada objetivo propuesto, uno por uno, y pedirá que expliques si has cumplido tu parte del trabajo y cómo te ha resultado dar esos pasos. En el caso de que uno o más puntos propuestos no hayan sido alcanzados, podéis decidir si queréis adaptar los objetivos, seguir con un mismo objetivo o decidir si han surgido nuevas prioridades. Los objetivos alcanzados no se anotan en la siguiente hoja de coaching. En el caso de que algún objetivo no haya sido alcanzado, podréis volver a anotarlo. En la parte de conclusiones y observaciones de la hoja de coaching tu Consejero puede añadir lo que le parezca importante para tu viaje.

Recomendación de Viaje: *http://sarataminiau/elcaminohaciatudestino/ hojasdecoaching*, encontrarás una versión rellenable online. Usa estos formularios en tus reuniones. Guárdalas juntas para poder reunir toda la información de tus avances, de cómo has conseguido los distintos objetivos, lo que ha funcionado para ti y lo que no ha funcionado, asegurando así que puedas aprovechar al máximo toda la información de la que dispones en cada tramo de tu viaje.

HOJA DE COACHING

Fecha:_____.   Consejero de Viaje:_____.

Lo que quiero conseguir con esta sesión: _____.

He acordado comprometerme a realizar las siguientes tres acciones tras consultarlo con mi Consejero de Viaje:

1._____.

2._____.

3._____.

Conclusiones y observaciones: _____

_____

_____

_____

_____

_____

_____

_____

_____.

_____   _____

   Firma del viajero: Firma del Consejero de Viaje:

LA HOJA DE COACHING PARA LA ALIANZA DE VIAJEROS

En la hoja de coaching para el grupo se plasma el crecimiento del grupo aparte de tu propio avance y crecimiento. Antes de que los miembros de la alianza comiencen su reunión acuerdan qué temas desea tratar cada miembro. Tras exponer los distintos objetivos, el grupo acuerda qué temas van a tratar en la reunión. Si hay varios temas se podrá decidir cuáles ocuparán la reunión que estáis a punto de comenzar y cuáles se dejarán para la siguiente reunión. Estos datos se anotan en la hoja de coaching para la próxima reunión.

Durante la reunión los miembros se ayudarán a encontrar opciones para que cada uno pueda avanzar en conseguir los objetivos que se proponga. Se hablará de acciones concretas que se puedan tomar, estrategias que se puedan utilizar y técnicas que se puedan aplicar. Cada miembro decide sus propios objetivos y tras la ayuda y el apoyo del grupo decide qué acciones va a tomar.

Los miembros ayudan, sabiendo que cada uno es responsable de sus propias decisiones y acciones. Antes de dar por terminada la sesión, cada uno comparte qué conclusiones ha sacado de este encuentro, anotando en su hoja sus conclusiones acerca de los temas que han sido tratados. Las conclusiones se comentan en grupo pero cada uno lo anota con sus propias palabras y para su propio avance. Después los miembros del grupo comparten lo que se proponen hacer, con qué objetivo y para cuándo va a estar hecho.

HOJA DE GRUPO ALIANZA DE VIAJEROS

Fecha:_____.   Aliados:_____.

1. El objetivo de nuestra reunión de hoy es: _____

_____

_____

_____

_____

_____

_____

2. A estas conclusiones he llegado hoy: _____

_____

_____

_____

_____

_____

_____

3. Esto es lo que hemos acordado: _____

_____

_____

_____

_____

_____

_____

La próxima reunión es el:_____.

EL USO DE LAS SOLICITUDES DE VISADO

Al pedir una solicitud de visado pasas a acordar acciones concretas contigo mismo. Te propones un objetivo específico y señalas qué acciones vas a tomar para alcanzar el objetivo propuesto. Decides cuántos días vas a poner en práctica la táctica que has decidido seguir para conseguir cambiar tu forma de pensar, sentir o actuar con el fin de alcanzar tu meta.

Cuando rellenas una solicitud de visado firmas un contrato contigo mismo, acordando que si omites hacer lo que te comprometes a hacer, aunque solo sea un día, volverás a rellenar una nueva solicitud y empezarás de nuevo, hasta que seas capaz de completar una solicitud sin omitir ningún día y hayas tomado las acciones que te comprometiste a hacer cada uno de esos días.

Las solicitudes de visado rellenas te sirven como obra de referencia; al fin y al cabo, contienen las acciones que has tomado para conseguir los cambios que te has propuesto. Podrás ver qué técnicas y tácticas te funcionan y cuáles no parecen ser útiles para ti. Te dirán qué tipo de acciones eres capaz de realizar y con qué tipo de acciones acabas tirando la toalla: más información interesante para saber lo que te ayuda a avanzar y lo que puede acelerar tu camino.

http://sarataminiau/elcaminohaciatudestino/peticiondevisado.

Encontrarás una versión rellenable de las peticiones de visado online.

PETICIÓN DE VISADO

Cambio que deseo conseguir:_____.

Esto es lo que voy a hacer para conseguir mi propósito:

_____

_____

_____

Durante _____días comenzando el día:_____.

Me comprometo a cumplir mi cometido. Cada día que cumplo mi propuesta haré una señal en el recuadro correspondiente.

En caso de no cumplir mi parte del trato, esta petición de visado quedaría anulada. Con lo que tendría que rellenar una nueva petición.

Visado obtenido: Sí/No

Al usar este código QR, accedes a un mapa único. Este mapa está lleno de mensajes simbólicos, lugares sagrados, animales tótem, objetos arqueotipo y símbolos que te permite comunicar con tu rico mundo interno.

Al usar el mapa puedes descifrar el significado de los mensajes de tu alma. Dentro de ti se encuentra un rico mundo interior, el mundo de tu subconsciente, que se rige por otra "realidad". En esta realidad alternativa, la creatividad, la inspiración, el conocimiento interno, la intuición y la espiritualidad son las que te guían por las infinitas posibilidades que trascienden a la mente lógica y práctica.

Mediante símbolos y arqueotipos te guía proporcionando valiosa información única, auténtica y sagrada tan solo para tí. Si prestas atención a los mensajes que percibes, estás siguiendo el camino hacia tu destino que es el camino de la evolución de tu alma.

Querido viajero:

Llegado a este punto seguramente habrás dado los pasos necesarios para crear claridad sobre la ruta a seguir hacia tu Destino Ideal. Además, habrás creado algo único: un trozo de historia, tu propia historia.

Tu conocimiento y tus experiencias pueden ser de inmenso valor para otros, las generaciones que aún están por venir. Hijos, sobrinos, nietos y bisnietos dentro de tu núcleo familiar pueden encontrar en tu historia el reflejo de su propio camino. Puedes decidir guardar este libro y pasarlo a aquellas personas que te siguen.

¿Cómo hubiese sido para ti tener un tramo de la vida de tus padres, abuelos o bisabuelos descritos en un libro de viaje, compartiendo sus lecciones de vida, sus ideales, deseos y conocimiento adquirido? Esto es lo que tú puedes ofrecer con tu historia.

Mantente en tu camino, escuchando el lenguaje de tu corazón. Dispones de todo lo necesario para seguir el sendero con tus metas más altas en mente. Disfruta de tu viaje. Aquí se separan nuestros caminos, por el momento. Sigue tu viaje con plena confianza.

No le digas al mundo lo que puedes hacer ni quién puedes llegar a ser. ¡Muéstralo!

- Sara Taminiau

Un millón de gracias

Un millón de gracias a todas esas personas con las que me he encontrado en mi camino. Cada contacto cargado con el valor emocional de nuestro encuentro temporal ha contribuido a la creación de *El camino hacia tu destino.*

Un millón de gracias a todos los héroes y aliados en mi camino. Me habéis alimentado y ayudado a florecer. Un millón de gracias a todos los villanos y oponentes en mi camino. Me habéis estimulado a cambiar y me habéis hecho crecer.

Un millón de gracias a todos aquellos que han observado mi camino desde la distancia. Gracias a vuestros ejemplos he podido decidir qué caminos seguir y qué caminos dejar de lado. He aprendido cómo crear nuevas rutas y seguir mi propio camino.

Especial gratitud a los compañeros de mi Alianza de Viaje Manuel, Cilty, Roger Aart, Nuria y Ana Belén. Mi Consejera de Viaje Janneke Bruns. Mi Mayor Antoinette. Mis aliadas secretas Flor y Celia de mi corazón, Idelina, Leilah, Iris y Gloria, reír con vosotras rejuvenece el espíritu. Sin vosotros no existiría *El camino hacia tu destino.*

Una especial mención para Mamen; sin saberlo, has sido la persona que me ha permitido creer que podría llevar a cabo este proyecto.

www.ingramcontent.com/pod-product-compliance
Lightning Source LLC
Chambersburg PA
CBHW061041110426
42740CB00050B/2651